ASPECT

DE

LA FRANCE.

NOTE DE L'ÉDITEUR.

La destinée de l'Auteur semble ne l'avoir conservé que pour luter contre les plus puissans de l'ancien et du nouveau régime par la *vérité*. Depuis sa sortie de prison, deux mois et demi après que la révolution de 1789 étoit commencée, il étoit resté tranquille spectateur des événemens, n'ayant fait mettre au jour en 1791, que son histoire de captivité, que le public lui avoit demandée. Mais voyant la patrie dans le plus imminent danger, ainsi que les républiques alliées de la France, son zèle brûlant de patriotisme l'a forcé de reprendre la plume à l'âge de soixante-quinze ans ; et l'on verra dans ce petit ouvrage que sa chaleur n'est point affoiblie, et qu'il fournit, par l'étendue de ses conceptions, la matière de grand nombre de livres utiles, qui manquent à la France dans la plupart de ses branches.

ASPECT

DE LA FRANCE,

ACTUELLEMENT, et depuis dix mois, dans un péril qui s'accroît de plus en plus, jusqu'à l'an VIII, par les sourds attentats directoriaux, sans que les Corps législatifs se déterminent d'obéir aux Adresses vigoureuses des Départemens,

POUR

LE SALUT PUBLIC;

PAR L'AUTEUR DE L'ART DE RÉGNER, ET AUTRES.

Numquàm nimis dicitur (publico) quod numquàm satis discitur. Prov. antiqui.

PREMIÈRE PARTIE.

A PARIS,

CHEZ TOUS LES MARCHANDS DE NOUVEAUTÉS.

AN VIII.

ASPECT

DE LA FRANCE,

ACTUELLEMENT, et depuis dix mois, dans un péril qui s'accroît de plus en plus, jusqu'à l'an VIII, par les sourds attentats directoriaux, sans que les Corps législatifs se déterminent d'obéir aux Adresses vigoureuses des Départemens,

POUR

LE SALUT PUBLIC;

PREMIÈRE PARTIE.

Etat des Finances depuis la révolution. — Principaux Forfaits des cinq législatures en dix ans. — Richesses nationales dissipées sous elles. — Démonstration du régime actuel des finances. — Fruits abondans et perpétuels de l'économie pratiqué. — Prototype proposé pour soutenir l'Etat en tout temps. — Examen des quatorze Titres de la Constitution de l'an 3, qui régit la France depuis six ans.

NON jamais, jamais, malgré les juremens imprudens, la *Constitution* promulguée le 5 fructidor de l'an 3, adoptée sans réflexion sur une simple lecture, ne fondera solidement, avec tant de vices radicaux, une république ni un état quelconque, si grand et si petit qu'il soit !

A 3

L'on ne parle pas de la déclaration des droits ni des devoirs de l'homme et du citoyen, mis en tête de cette constitution : ils sont philomatiquement fondés sur la loi naturelle, sur la morale la plus pure des peuples civilisés, et même implicitement sur les premiers dogmes de l'Evangile, quoique les auteurs de cette déclaration ne voulussent peut-être pas y croire.

Mais l'esquisse qui régit la France depuis six ans, et dont les prétendus clair-voyans s'engouent, est certainement le plus stérile avorton qu'ait, en fait de gouvernement, créé le génie français.

De franches questions le feront sentir aux individus les moins réfléchis, dans ce moment où la pensée de l'homme et la liberté de la presse, qui n'auroient jamais dû être gênées, comprimées par la terreur et les persécutions, rentrent dans leurs droits, avec la nécessité de parler, d'écrire, d'imprimer les plus triomphantes vérités pour le *salut public*, quelque amères qu'elles puissent être aux ennemis de la société générale.

Etat des Finances, qui sont les fondatrices et les régulatrices de tout empire.

Le premier principe sans lequel nul état, grand ou petit dans l'univers, n'a pu commencer sa fondation, est celui des finances ou *réelles* ou *représentatives*.

Ces finances générales, dont la constitution de l'an 5 ne dit pas un mot, si ce n'est par rapport aux impôts, ces finances sont seules tellement fondatrices, régulatrices, organisatrices de tout état, que si elles y manquent, il ne sera jamais possible de le consti-tuer, ni d'avoir une constitution qui en mérite le nom. Or, si elles ne manquoient pas entièrement en l'an 3, elles auroient donc dû faire nécessairement la base de cette constitution même, puisqu'on ne pourra jamais nier qu'elles font seules le *nerf*, la *force*, le *soutien*, le *bonheur*, le *repos*, la *fécondité*, la *prospérité* et *l'aliment* de toutes les branches de l'Etat, quelque figure et quelque nom qu'on veuille lui faire prendre, pourvu que ces finances soient toujours bien réglées et distribuées aux principales. de ces branches qui en ont le plus de besoin, selon les temps.

Donc la France, en premier résultat, n'a point encore de constitution ; donc il faut attribuer aux trois embryons, qui ont paru sous le nom de constitution, tous les maux de la république actuelle; donc cette république et tous ceux qui l'ont gouvernée jusqu'à ce jour, n'ont créé qu'un fantôme destructif de l'état Français; donc ils n'ont connu ni ses colonnes, ni ses branches vivifiantes, ni ses ressources, ni ses propriétés, ni ses rapports, ni son ensemble, ni ses principes de gouvernement. La suite le démontrera, jusqu'à pleine conviction, à tous ceux qui ne sont pas parvenus à la science des hommes d'état, mal-heureusement trop rares aujourd'hui; car *Robespierre*, qui en a oublié plusieurs, les destinoit tous pour la guillotine. Deuxième résultat de probation sur les finances nationales.

Si les trois prétendues constitutions, également imprévoyantes, n'ont pas établi en principes sévèrement et souverainement obligatoires , les séances quotidiennes de leurs conseils de législation , quatre heures le matin et quatre heures le soir , en tout temps de l'année , vu le besoin de bonnes lois applicables à toutes les branches ; si elles n'ont pas déclaré pour ces finances la comptabilité permanente , la responsabilité générale et personnelle dans quiconque les dirige, dans quiconque les reçoit en dépôt, dans quiconque les administre par ordonnance; enfin, régularisé leur *versalité* dans les administrations primaires , secondaires , tertiaires , sans exception d'aucune, puisqu'elles sont toutes comptables et révisables pour la nation , comment pourroit-on raisonnablement appliquer ces constitutions au régime d'un grand État, si on ne le pourroit pour un petit ? N'est-ce pas cependant ce que toutes les cinq législatures se sont efforcées de faire en vain depuis dix ans pour le malheur des Français , quoique l'expérience ait mille fois démontré ,

1°. Qu'il n'est point, qu'il ne naîtra-même jamais de vrai gouvernement là où il n'existe ni lois, ni régime, ni ordre, ni principes reçus contre l'inviolabilité des devoirs à remplir (il n'y en a jamais eu pour les monarques ou ceux qui les représentent), contre l'incomptabilité générale et permanente en tout temps; contre la versalité régulière et successive des finances, dans toutes les administrations de l'État quel qu'il soit dénommé;

2°. Que le régime français ne se formera et ne se fondera jamais tant que les conseils législatifs s'asseoiront avec des commissions ignorantes et infidèles sur les *finances,* pour les régiminer à leur volonté ou à celle du directoire, et que ces corps seront les maîtres non-responsables d'interpréter à leur gré tous les articles de l'absurde constitution de l'an 5;

5°. Qu'il y a impérieuse nécessité, pour la sureté de l'Etat et de la nation, de créer, d'établir à perpé-tuité, hors de la constitution et du corps législatif, une agence générale des finances à Paris, composée au moins de cinquante citoyens des capitales de France, éclairés en banque politique, et de probité connue, lesquels, sans cesse occupés de la restaura-tion, de l'organisation, de la fabrication, de la cir-culation des finances et de leur retour au trésor national, enfin de la recherche des dilapidations anciennes et nouvelles, formeront la première co-lonne de la France maintenant ébranlée jusque dans ses plus fermes fondemens;

4°. Que l'état ne pourra jamais se reconsolider sans réduire les corps législatifs à cent membres mieux choisis; sans annuller la constitution de l'an 5, d'où procédent tous les maux ; sans en rédiger une nou-velle qui convienne au régime d'une puissante répu-blique; sans adopter des principes salutaires ; sans abroger une multitude de lois contradictoires, de codes indigestes, épurer les meilleures, et faire de nouveaux codes sur la conservation des propriétés, des droits, des intérêts majeurs de la nation, pour sauver la France des plus grands dangers où l'en-traînent inévitablement, malgré ses triomphes passés, la révolution et la constitution qui la régit depuis six ans.

Il faut donc, (et c'est à vous, sociétés de salut public, qui serez toujours persécutées , que ceci s'adresse,) doubler de prudence, de fermeté, de patience, pour saisir l'instant de sonder les plaies de l'Etat, et tailler jusqu'au vif; car différer trop, ce seroit les laisser se gangréner, se putréfier jusqu'à dissolution finale.

L'expérience du passé et du présent ne nous a-t-elle pas appris mille fois que dès que les finances manquent d'existence, d'ordre et de régime, soudain l'Etat et ses branches, à l'exception de ses colonnes, penchent vers leur ruine entière ? De ces défauts, de ces tâtonnemens, de ces subversions d'ordre dans toutes les parties, de ces lois éphémères et mal digérées, ne résulte-t-il pas depuis dix ans une désorganisation, une inactivité, une langueur, une extinction funeste des principales branches de la patrie, faute d'avoir dans les conseils des représentans personnellement désintéressés et vraiment officieux, fidèles, laborieux, éclairés, amans de la patrie, comme le sont des hommes d'état toujours inclinés au bonheur du genre humain ? Descendons aux thèmes aux spéculations de pratique journalière.

Si les finances, sous toute considération, sont la première puissance nécessaire qui fasse régir et solidement constituer un Empire, ne suit-il pas qu'un compte doit être sans cesse ouvert par les premières autorités constituées, que d'autres comptes soient annuellement rendus par toutes les trésoreries, ensuite par les fonctionnaires publics, tels que les caissiers et tous les divers receveurs des fonds de la république ?

Si aucune loi n'ordonnoit cette mesure, la constitution et la législation de l'état ne seroient-elles pas nulles et vicieuses dans leur propre fond ? car, comment le gouvernement sauroit-il en total la masse de ses revenus, ce qu'il auroit ordonné de lever annuellement de subsides pour la république, ce qu'elle auroit à recevoir, à payer, à dépenser dans un an, pour l'ordinaire et l'extraordinaire, dès que personne ne seroit comptable ?

Comment le gouvernement pourroit-il, faute de loi et d'une sévère organisation en finance, connoître, même en aperçu, les soustractions, les dilapidations, les grandes et nombreuses déprédations faites à la république, pour en faire restituer les capitaux ? Or, si les *déficits*, les *debets* des comptables, dont pas un seul ne doit être excepté, empêchoient, comme aujourd'hui, le *gouvernement* de remplir les engagemens qu'il auroit pris antérieurement avec des puissances alliées ou étrangères, avec des fournisseurs ou ses propres armées dont le besoin ne se calcule guères, ou qu'il fût forcé de recourir à des emprunts ruineux et souvent inexécutables, ne perdroit-il pas ce crédit, cette confiance qu'il a le plus grand intérêt d'acquérir et de conserver pour l'avenir ?

Mais ce qui est infiniment pire encore pour la république, si ses gouvernans qui sont en beaucoup trop grand nombre pour se connoître, s'entendre et tenir une marche régulière, se contredisent presqu'en tout point et sont amovibles par tiers tous les ans ou les deux ans, la *nation* vient à tomber malheureusement et de plus en plus dans l'affliction, dans la misère, par les vices de sa constitution et de ses corps constitués, n'est-elle pas dès l'instant la victime de leur impéritie, de leur invigilance et de leur insouciance, ainsi que de leurs futiles lois ?

Il n'est donc que trop vrai, comme nos ennemis étrangers nous le reprochent, que la France n'a point encore de régime, et que ses trois constitutions, après dix ans de révolutions et de guerres, ne lui en donnent pas la moindre apparence.

Suivant Montesquiou, le *déficit* des finances étoit en novembre 1789, de soixante-huit millions. Depuis cette époque leur délabrement n'a cessé de s'accroître sous les cinq législatures, et il est incalculable aujourd'hui, par la désorganisation totale et la dissipation de ce qui les représente, par les dépenses excessives de la guerre, les pertes infinies que la révolution a enfantées, la suspension des remboursemens, la cessation du commerce, l'abandon de toute économie, l'incomptabilité de toutes les caisses, la mutation et la subversion des administrations, la défection des lois pour les poursuivre ; le brisement de tous les ressorts, le renversement général des fortunes, l'émigration de deux cent mille familles opulentes, la disparution continuelle de la plus grande partie du numéraire.

Dans l'ancien régime, et depuis un temps immémorial, les finances étoient dans le désordre le plus constant, par les trois cent dix membres de la ci-devant chambre curiale des comptes de Paris. Mais ce désordre, qui s'est maintenu jusqu'à la révolution de 1789, s'est encore accru par les vices pestilentiels du gouvernement prétendu républicain, et n'offre plus aujourd'hui qu'un chaos épouvantable, dans lequel personne n'ose descendre pour le débrouiller, crainte de s'y trouver comme dans l'antre de Cacus.

Principaux forfaits des cinq Législatures pendant dix ans dans les Finances.

Aucune des cinq législatures , nommées par la nation pour baser le nouveau gouvernement , n'a soupçonné que les finances seules fussent le premier fondement et le vrai régulateur de l'état , soit dans leur fabrication et leur émission , soit dans leur distribution et leur circulation , pour entretenir en activité continuelle toutes ses branches. Aussi les trois constitutions ont-elles eu soin de n'en rien dire .

L'assemblée première , appelée *Constituante* , composée de douze cents membres durant les huit premiers mois de son avénement , eût fait beaucoup de bien , si elle se fût bornée à débarrasser le peuple d'une multitude d'entraves et d'onéreux fardeaux, qui l'écrasoient sans porter de profit à la couronne. Mais restant en place encore deux ans et demi, comme si elle se repentoit déja de ce qu'elle avoit fait, on la vit se corrompre et se diviser : opposée alors à ses principes, elle fit beaucoup plus de mal à l'Etat qu'elle ne lui avoit fait de bien, en abattant tout facilement sans jamais rien réédifier ; et quoiqu'il y eût de grands hommes dans ce corps de douze cents , et nombre de *vauriens* , Mirabeau à leur tète, on eût dit qu'elle ne savoit ce qu'elle vouloit.

En matière de gouvernement, les demi-savans sont toujours nombreux, très-dangereux et fort entre-

prenans pour la destruction : mais les hommes vertueux , judicieux, désintéressés , amis du bien,
amans de lenr patrie qu'ils considèrent dans la masse
nationale, et qui savent ce qui la peut fortement
constituer dans le bonheur, sont aussi incorruptibles
qu'ils sont rares dans tous les siècles.

Cette première législature grossissant chaque jour
la liste civile du dernier fantôme roi, au-delà de
toutes bornes (et Mirabeau étoit dès-lors gagné avec
de ses semblables), adopta soudain le dangereux
système de Law, sous le spécieux prétexte d'é-
teindre la dette publique que la cour et la législature
avoient fait naître par leurs prodigalités inconsidé-
rées, et recréa le papier-monnoie qui en 1720 avoit
ruiné une grande partie de la nation. Quoique ce
papier ne fût pas encore garanti ni consolidé d'une
hypothèque certaine, il prit faveur entière par l'as-
cendant des circonstances du temps et le besoin absolu que l'on avoit du numéraire , qui s'émigroit
tous les jours chez l'étranger avec lequel nous sommes
maintenant en guerre ouverte. La nation engouée ,
séduite du marasme de ses représentans infidèles ,
crut qu'ils sauvoient la France , et durant près de
deux ans, on vit ce papier préféré à l'or, à l'argent
et aux marchandises de première nécessité et
de commodité. Ce qui justifie l'axiôme sur lequel le
citoyen *Simplex* a si sensément discuté le 22 thermidor dernier, et posé comme vérité d'expérience ,
que les *bons font mal le bien*, et les méchans *font
bien le mal*. Propagateur de ce jour.

L'intérêt de l'Etat, qu'on maintenoit dans la pénurie d'argent qui ne cessa durant plusieurs années

de passer fort impolitiquement en Allemagne , eût au moins été de soutenir le papier-monnoie au pair du numéraire ; mais l'impéritie , l'instabilité du gouvernement , dans la suite lui firent courir dans le public tant de sortes de mauvaises chances , qu'à la fin il a été encore plus détesté de la nation qu'elle ne l'avoit d'abord accueilli.

Cependant un membre de la seconde législature , soupçonnant que l'état ne se soutiendroit pas sans colonnes d'appui et sans comptabilité, proposa à cette seconde assemblée , réduite déja à sept cent cinquante membres, de créer, sous le nom de *commission*, un corps à l'instar de l'ancienne chambre des comptes et dans le même local , pour rechercher tous les comptables, et les assujétir à rendre annuellement un compte de recette et de dépense des fonds qu'ils recevoient de l'Etat.

Cette proposition, annoncée au public dans tous les journaux , ne fut point décrétée. La seconde législature au contraire , qui n'avoit ni financiers ni hommes d'état, commença à discréditer les assignats, en diminuant injustement leur hypothèque des cinq sixièmes. Bientôt elle augmenta le désordre et la subversion des finances à telle extrémité, que personne n'eut le courage, pour secourir l'Etat, d'en entreprendre la réformation. Elle abandonna entièrement la direction de cette branche principale, à l'acerbe *Cambon* l'aîné, l'un de ses membres, et ne décréta plus que d'après les insidieuses propositions de ce nouvel Aristarque.

La caisse d'*Amelot*, qui comprenoit tous les détails dont est maintenant chargée la trésorerie nationale,

fut reconnue , sans reddition ni aperçu de compte ,
aux yeux du sénat , quarante-huit heures après le
rapport et la vérification du seul *Cambon* , parfaitement régulière , et le grand caissier *Amelot*, dont on
avoit mille fois demandé la destitution par des plaintes
graves, sortit de sa gestion avec autant de pureté, que
son protecteur, de cette deuxième législature.

Pour épurer les corps législatifs on avoit proposé
que tous les députés entrant aux assemblées , fussent
tenus de déclarer leur fortune présente; mais pas un
seul ne voulut s'y soumettre : ce qui prouve que leur
passion de s'enrichir, tandis qu'ils sont en place,
est toujours au-dessus de la réputation et de la gloire
de servir la patrie et l'humanité. *Ergo* ,..... et il en sera
toujours de même dans mille ans, malgré les protes-
tations et les faux juremens d'usage et de fidélité à la
patrie.

La troisième législature appelée la Convention
nationale, s'aperçut aussi le 9 thermidor, qu'il impor-
toit à la prospérité de la république naissante , sinon
d'améliorer alors , du moins d'établir quelque ordre
dans les finances par les voies les plus certaines.
Pour faire croire qu'elle avoit dessein de faire le
bien, elle invita , par un décret, les Français qui
avoient des lumières sur le grand objet des finances,
de les communiquer à son Comité financier. Soudain plus de quatre mille projets furent adressés à
ce Comité : celui d'un bénévole citoyen fut distingué
touchant les maux que causoit au public l'énorme
quantité d'assignats mis en circulation (et dès-lors
l'émission qu'on croit avoir été de quarante-cinq milliards n'étoit que de huit à neuf) qui étoient solennellement

nellement hypothéqués sur plus de dix milliards de biens nationaux devenus l'héritage et la propriété de la nation. J'envoyai aussi mes réflexions générales, l'un des derniers, au président Henri la Rivière qui, le 24 Thermidor, année cinquième républicaine, me fit répondre par Thibault, chef du bureau des dépêches du Conseil des Cinq-cents, que le manuscrit que je lui avois présenté le 25 messidor précédent, avoit été renvoyé le 30 du même mois, à la commission des finances, en vertu d'un arrêté du conseil. J'en avois écrit encore au représentant Gilbert Desmolières, qui disoit *ne pas connoître de moyens de sortir d'embarras.* La difficulté aujourd'hui est bien plus grande de sauver la République, de créer un nouveau régime, une meilleure constitution, de nouvelles autorités qui ne se croient pas inviolables, revêtues de manequins ridicules, mais comptables et responsables en tout temps des biens, des fonds, des propriétés, de la vie même de la nation, après tant et de si malheureuses épreuves depuis dix ans. Qui pourroit énumérer les maux que la France a endurés sous l'atroce régime de la convention ? Il semble que les législatures ne voulussent siéger leur patrie que pour la dévorer, l'échiqueter par lambeaux.

La quatrième législature, non moins insouciante ni plus vigilante que les précédentes, ne sachant remédier à tant d'afflictions, en a fait impudemment accroître le déluge, par une foule de lois absurdes et contradictoires sur les mêmes matières, ce qui nous oblige de disserter long-temps sur la partie essentielle des finances en y rentrant souvent.

B

Toutes les annales des empires démontrent que les gouvernemens n'ont jamais touché, soit aux finances métalliques, soit à celles de représentation, telles que le papier-monnoie une fois émis en circulation, sans produire aussitôt des secousses, des sensations générales, des famines, des banqueroutes, des dommages, des ruines, des pénuries, des disettes à la majeure partie de la nation. Les finances ne veulent dans leur régime, ni tact, ni tâtonnement, ni lois nouvelles, ni système, ni épreuves imprudentes contre l'usage reçu : pourquoi? c'est que leur mauvaise administration devient à la pluralité des habitans, le *noli me tangere* d'un vieux cancer auquel on ne peut si peu toucher maladroitement qu'on n'en rende les douleurs insupportables. Ainsi, la quatrième législature qui avoit tant d'intérêt de conserver les assignats presqu'au pair du numéraire, et qui le pouvoit, les a elle-même tant de fois discrédités, anéantis sans motif raisonnable, qu'ils sont enfin, au détriment du commerce et des fortunes, tombés dans l'avilissement et l'abjection, par ses décrets irréfléchis.

Qui pourroit même concilier ses inconséquences, toujours graves en matières d'état, avec ses opérations subséquentes, quand, après avoir démonétisé, sans évidente nécessité, les assignats de leur valeur nominale et diminué leur hypothèque, elle a, contre le bon sens, continué d'en faire fabriquer et circuler à grands frais de nouveaux jusqu'au-delà de quarante milliards? Dites, grands législateurs, si ce n'est pas là jouer l'état à *la hausse et à la baisse,* et singer les joueurs des tripots de la roulette et du biribi dont vous tolériez les infâmes assemblées.

Une si énorme quantité de papier formant alors un engorgement préjudiciable au public, fit tellement enchérir les premiers besoins de la vie et les objets ordinaires de consommation , que la nation s'est trouvée tout-à-coup investie de la plus cruelle misère, accrue d'une famine factice , sans voir le terme où elle devoit cesser.

Dans de si alarmantes extrémités, une législation qui se douteroit de son impéritie , devroit du moins consulter des hommes d'état , gémir avec eux , et chercher au plus vîte les moyens de réparer ses fautes , quand le salut du peuple doit être pour elle la suprême loi ; mais des législateurs qui, n'aiment qu'eux-mêmes , veulent toujours faire des expériences, et, ne se doutant pas qu'un abîme en attire souvent un autre , ceux-ci ont presque aussitôt ordonné la levée d'un emprunt de six cents millions qui n'en a pas produit deux cents, parce qu'a dit l'un de ses membres, la répartition en a été faite de la manière la plus odieuse et la plus injuste.

Ensuite le corps des Cinq-cents, sans tirer aucun profit de sa prodigieuse émission de papier-monnoie , s'est vu contraint d'en prononcer lui-même solennellement la flétrissure et l'abjection, sans opposition du corps inutile des anciens, par une réduction provisoire de trente capitaux pour un de leur valeur nominale , afin , disoit-il, d'en éteindre la majeure quantité. Sur cela a paru l'échelle de réduction durant les cinq ans du cours fatal du papier-monnoie.

Puis, et presque en même temps, à la réquisition du directoire exécutif, (qui en pareil cas n'étoit pas à consulter,) la même législature quatrième a créé et substitué, sans nécessité comme sans utilité, aux assignats authentiquement avilis, un nouveau papier-monnoie non revêtu d'hypothèque, sous le nom de *promesse de mandats*, fixé au nombre de deux milliards quatre cents millions, en attendant que cette quantité de mandats pût être fabriquée.

Vit-on jamais dans l'antiquité travailler ainsi un Etat, le ballotter, lui faire banqueroute avec tant d'orgueil et tant d'audace par ses mandataires lâches et infidèles ? Un malheureux ouvrier, qui, faute de capacité et de connoissances, opère le contraire de ce que sa bonne volonté lui fait entreprendre, a du moins la générosité d'avouer son ignorance, et de quitter son entreprise pour ne pas ruiner celui qui l'emploie, pourquoi donc pas un seul de nos législateurs n'a eu, comme cet ouvrier, la bonne-foi de se désister de perdre l'Etat entier par ses fatales expériences en finances qui n'admettent point d'épreuves sinistres ?

Comme la confiance d'une nation ne se commande pas plus que l'opinion, les promesses de mandats sont tombées dans le mépris avant leurs factures qui ont encore plus perdu dans leur émission que les assignats, et l'affreux résultat de nos mandataires a toujours été la ruine des trois quarts et demi des Français.

La cinquième législature d'aujourd'hui n'a-t-elle point fait de mal ? est-elle plus utile que ses devancières ? en attendra-t-on une sixième, sans abolir la constitution dont nous ferons bientôt ici l'examen rapide, mais sérieux de son esquisse ? n'y a-t-il pas nécessité urgente de créer une meilleure constitution, de prendre promptement des mesures de salut, de connoître la situation entière de l'État, de prévenir les déchiremens qu'on lui fait, de lui rendre ses ressources, de lui faire même restituer la plus grande partie de ses biens, de pratiquer l'économie si utile à tout le monde, de mettre la vertu à la place du vice, de constituer le meilleur ordre par-tout où régnoit le brigandage, d'avoir des lois sages, fondées sur l'épreuve du passé, de faire revenir les finances sans cesse à leur centre, d'avoir trois milliards de numéraire en circulation, de faire cacher honteusement la misère, de rendre la République éclatante de sa force et de son bonheur ? Oui, nous le croyons possible, et il ne faudroit que le vouloir constamment. Que tout individu s'évertue, chacun en droit soi, consultant la loi naturelle gravée dans son cœur, qu'il jouisse pleinement de sa liberté, de sa pensée, de son esprit, de ses talens, et les emploie, en ce qu'il pourra, au bien de sa patrie ; qu'il s'unisse, qu'il concorde avec la société générale de ses semblables ; Dieu, la justice et la conscience lui en font un devoir.

Bernadotte a dit aux conseils, avant qu'il eût été nommé ministre de la guerre :

« Qu'en 1793, en quatre mois de temps, on avoit
» organisé douze armées, et que la même chose avoit
» été dite à la tribune des conseils : mais ce que l'on
» auroit dû observer, c'est qu'alors il existoit un
» crédit public fondé sur deux milliards d'assignats

» qui avoient le même cours en numéraire, et que
» cette source de la prospérité publique étoit en même
» temps le puissant auxiliaire de l'amour de la
» patrie.

» Aujourd'hui ces grands moyens ont disparu : les
» cœurs sont devenus froids aux cris de la République.
» Les riches du temps sont tombés dans la misère.
» Cette classe faisoit du moins fleurir l'agriculture.
» Le commerce et les arts n'existent plus. On a ébranlé
» la République jusque dans ses fondemens , en dé-
» truisant les fortunes particulières. La disparution
» subite du papier-monnoie , et la banqueroute faite
» aux rentiers, ont détruit sans ressource le gou-
» vernement dans son crédit.

» Ce gouvernement qui n'avoit cessé d'assurer que
» ces deux dettes sacrées reposoient sur la loyauté
» française, auroit dû savoir que sa richesse étoit
» seulement dans le bonheur public et dans la fidélité
» à tenir ses engagemens. En effet, si le gouvernement
» manque de bonne-foi, il autorise aussitôt les ci-
» toyens à n'en pas avoir ; et s'il maintient le sys-
» tême adopté depuis quelque temps , de dépouiller
» tous les propriétaires, il finira par rester sans au-
» cune ressource, parce que la valeur des propriétés
» venant à diminuer toujours, il ne leur restera plus
» aucun moyen de payer les impôts. »

Certes, on ne peut rien de plus concluant ni plus
solide que ce discours.

Le Clairvoyant du 11 thermidor , an 7 , et
autres Journaux.

Dans le rapport fait au conseil des anciens par le
citoyen Lebrun, et qui a déterminé le rejet de la

résolution présentée sur les recettes et les dépenses de l'an 8, il se trouve des idées et des principes qu'il est utile et important de répandre.

« Le citoyen Lebrun se plaint, comme l'avoit fait » le citoyen (Arnould) de ce que l'article 162 de la » constitution n'est point exécuté; cet article porte » que le directoire est tenu chaque année de présenter » par écrit, à l'un et à l'autre conseil, l'aperçu des » dépenses, la situation des finances. Un état de » situation des finances, dit le citoyen Lebrun, » ne peut pas être un tableau sec et sans raisonne- » ment, des produits des diverses contributions et di- » verses branches de revenus dans le cours d'une » année.

» Un tel tableau ne seroit qu'un misérable travail » de bureau. Il faut donc qu'il soit empreint de l'es- » prit d'une administration supérieure ; qu'il dé- » veloppe les causes qui ont amélioré ou altéré les » produits; qu'il indique ce qu'on doit craindre, ce » qu'on doit espérer des circonstances actuelles, ou » des circonstances prévues; quelles lois sont pros- » pères ; quelles lois ont été désastreuses ; quel vice » dans l'organisation des régies; quelle obstruction » dans le mouvement des fonds; qu'il sonde enfin » tous les maux, s'il n'indique pas tous les remèdes. » Ce n'est pas trop demander au directoire d'une » République, que d'exiger de lui qu'il fasse au moins » ce que faisoit le contrôleur d'une monarchie.

» S'il est un moyen d'établir en finance *une tradi-* » *tion de principes*, é'est d'exiger constamment des » états de situation, mais sur-tout de déterminer » ce qu'ils doivent être. Jusqu'ici nos théories sur les

B 4

» contributions , sur les revenus publics, ont été
» variables , contradictoires , *presque jamais ap-*
» *puyées sur les faits.*

» Chaque législateur a apporté de son petit coin
» des idées partielles , incohérentes, qu'aucune dis-
» cussion n'a mûries , qu'aucune expérience n'a
» vérifiées; delà, chaque année le retour des mêmes
» erreurs. Il faut encore discuter ces *absurdités* d'im-
» pôts en nature, d'impôts ou d'emprunts progressifs,
» de lois somptuaires, de taxes sur les riches, et il
» ne faut qu'un moment de troubles ou de distraction
» pour que ces absurdités se glissent dans nos lois.
» Des états annuels de situation des finances , tels
» que je les conçois, feroient disparoître tout cela sans
» retour. Il s'établiroit une perpétuité de doctrine
» financière; chaque année les faits contrôleroient les
» lois, et les législateurs trouveroient, dans une série
» d'expériences , la solution de leurs doutes, ou la
» réfutation de leurs préjugés »

(Extrait du rapport du député Lebrun, au
conseil des anciens, sur la résolution relative
à la fixation des recettes et dépenses de l'an 8.)

Fruits abondans de l'Economie - pratique
et générale.

Parcimoniâ opes maximæ dantur. *Eglog. Senec.*

Pratiquer pour la base des quarante colonnes fondamentales de la France, de ses branches secondes de
gouvernement et de ses troisièmes au nombre de près
d'un million de sciences , d'arts libéraux, d'arts

mécaniques, de professions, de métiers, de fabriques, d'usines diverses, l'économie générale ; c'est voir fleurir la République dans son aspect entier ; c'est commencer à découvrir les abus innombrables, les souffrances qui s'étendent par-tout ; c'est approfondir les vices, les bévues, les négligences, les défauts des ministres, des administrateurs, des fonctionnaires publics, qui, arrivant en place bouffis d'ignorance et d'orgueil, pour le lucre seul de leur poste, méprisent les devoirs qu'ils ont à remplir, et ne se donnent pas même la peine de les étudier, lorsqu'ils y sont parvenus : c'est se préparer à étouffer leurs conspirations et leurs déprédations qui cessent aussitôt leur déplacement ; c'est constituer le bon ordre à la place du désordre, c'est opérer sans se lasser des réformes utiles, loin de créer de nouveaux abus sur les anciens.

S'attacher toujours aux principes certains de l'épargne, se fixer au seul nécessaire sans ostentation ; tendre sans cesse au soulagement des peuples dont Dieu confie au gouvernement les soins et la vigilance ; s'appliquer à les délivrer de leurs maux ; tendre toujours à assurer la paix et le bonheur à la nation ; prendre toujours la justice pour souveraine de ses actions, et n'exiger que le moins possible, de subsides, au lieu d'une multitude d'impôts, de droits ordinaires et extraordinaires qui n'enrichissent que des préposés, c'est se concilier l'amour des peuples, faire chérir le gouvernement, fonder la gloire de l'Etat.

De l'économie, pratiquée avec sagesse, naissent, comme d'une source intarissable, le réglement, le bon ordre, l'aisance, l'exacte comptabilité, la fixation, la réduction des salaires, des gages, des pensions, proportionnés aux services, aux avances, aux frais, etc. De cette régularité, découlent, dans les administrations, les plus grandes recettes, les ressources les plus certaines, fruits perpétuels de l'économie qu'on n'a jamais connue en France. Pour le bien de l'Etat, toutes dépenses inutiles ou superflues étant retranchées, l'économie donne aussitôt des richesses abondantes. Toutes les branches prospèrent dans l'activité; les finances circulent et reviennent à leur centre commun; les terrains ensémencés donnent leurs moissons successives; l'Etat brille de sa force et de son opulence, parce que l'économie générale, sagement appliquée dans toutes les parties correspondantes du gouvernement, ouvre des sources à l'infini qu'on ne soupçonnoit pas; et pratiquer l'économie n'est cependant presque autre chose qu'abolir les grandes dépenses non nécessaires ou qui ne sont jamais d'utilité marquée.

Règle certaine. Un gouvernement qui s'occupe du bonheur des peuples, leur apprend à être justes, modérés, compâtissans, laborieux; son esprit passe dans les cœurs, y fait germer les vertus qui honorent l'humanité, et font l'égide des Empires.

Un Etat qui veut consolider sa base, et se perpétuer, doit attacher à la culture de son sol, par l'expectative et l'attrait de la liberté personnelle, et du droit absolu de propriété, le plus grand nombre d'habitans possible. Alors s'étendront de plus en plus, chaque jour, en prospérité, les départemens, les richesses et les mœurs.

Les vertus qui font la vraie élévation d'une nation, ne furent jamais compagnes de la servitude, et une nation ne sera constamment heureuse et puissante qu'autant que ces vertus seront la base de sa félicité et de sa puissance. Les intérêts de l'Etat et les intérêts de ses habitans sont très-essentiellement indivisibles. Sur toutes les autres formes de gouvernement, se fait sentir l'avantage inappréciable d'une grande république ramenée à de solides principes. Nous faudroit-il encore quatorze siècles pour l'apprendre ?

Des législateurs dont les lois tendroient à élever le génie et l'ame des peuples, seroient le plus beau présent que, depuis le premier instant des siècles, Dieu eût fait aux hommes. Quels modèles ils seroient pour les maîtres du monde !

Si nous avions de bons codes de lois et de jurisprudence qui équivaluassent un code d'état, un code pénal gradué, un code civil simplifié et conforme à une bonne constitution, une tactique militaire et une marine perfectionnées, nous serions, sous tous les rapports, la première nation du monde policé.

Tous les obstacles à l'adoption de ce nouvel ordre de choses disparoîtroient si les conseils, s'élevant au-dessus d'eux-mêmes, vouloient que ce bien fût de leur ordre exprès, mis sous les yeux des gens de bien, et de tous ceux qui conservent encore l'aptitude à le devenir. Ces conseils ressembleroient à Titus, qui craint de perdre un jour d'être le tutelaire protecteur du peuple.

Nil facti reputans, si quid superesset agendum.

Richesses nationales dissipées sous les cinq Législatures.

Vis consili expers mole ruit suâ
Vim temperatam di quoque provehunt
In majus. *Od. IV , lib. III.*

Qui pourroit décrire où se sont perdus successive-ment depuis la révolution, comme dans le tonneau percé de Danaé, ces richesses immenses que possé-doit alors la France ? Qui dira ce que sont devenus ces dons gratuits et volontaires que la nation géné-reuse s'empressoit de déposer sur le bureau des pré-sidens de la seconde législature ? Qui pourroit énu-mérer, par parties, la totalité des biens-fonds, meubles et immeubles confisqués sur la multitude des émigrés dont la nation n'a point profité, quoique ordonnée pour elle, et dont la manutention fut si mal-à-propos confiée aux administrations des dépar-temens, qui en ont vendu la plus grande partie sans que les législatures leur aient jamais imposé l'obligation, d'en rendre compte à l'Etat ? Ces biens ne sont pas des babioles. Qui a jamais connu le produit, la valeur de ceux provenans des maisons religieuses en très-grand nombre, supprimées par des lois, et pareille-ment vendues à vil prix dans tous les districts, sans au moins appliquer et réunir la masse de ces biens confisqués au domaine national, puisque la nation est seule et unique héritière de tout ce qui avoit été concédé à toutes les corporations qui ont existé, et qui sont pourtant désignées aujourd'hui sous le titre de propriétés nationales, après avoir été plusieurs

fois vendues par lambeaux, sans que le prix soit
entré au trésor ? Il est court et facile de détruire,
de démolir ; mais, pour construire et réédifier, que
de frais, que de temps pour assembler les matériaux,
et élever la bâtisse jusqu'au comble !

Qui pourroit jamais expliquer ce qu'auroit dû produire à la nation la valeur des objets de construction,
d'ameublement et de décoration de ces riches palais
royaux et châteaux seigneuriaux, en très - grand
nombre répandus en France, dont, pour cause
d'émigration, sans en empêcher le pillage avant la
confiscation, des lois absurdes en ont autorisé la
ruine, la destruction et la vente ? Pourquoi une infinité de temples destinés au culte, ont-ils éprouvé le
même sort, ainsi que tous les signes royaux ; les
statues pédestres, équestres de bronze ? Un simple
décret, lancé sans discussion, devoit - il suffire à
proscrire la religion, fermer les Eglises, renverser
les tombeaux, profaner les autels, abattre les cloches
et les clochers ?

Les millions d'or et d'argent provenans de la spo-
liation des monumens des Eglises, des couvens, des
monastères, des abbayes masculines et féminines,
des cathédrales, des collégiales, des succursales, des
paroissiales, des presbytères, des sacristies, que sont-
ils devenus ? Les milliers de riches meubles et orne-
mens, les milliards pesans d'airain, de bronze, de
cuivre, de fer, d'acier, de potin, de billon, d'étain,
de plomb, de laiton, de pierres, de marbre, d'albâ-
tre, de stuc, de dorures sur toutes matières de prix,
mises la plupart en chefs-d'œuvre par les artistes de
chaque siècle, qui en a fait son profit ? Beaucoup de

rejetons de la souveraineté diront : Ce n'est pas moi.

Le vandalisme du dix-huitième siècle n'a-t-il pas détruit et ravagé en deux ou trois ans, avec plus de fureur que les dix-sept siècles qui l'avoient précédé, par la volonté seule des corps législatifs préposés uniquement par la nation pour soutenir ses intérêts, et ne faire que de sages lois ?

Quelques bateaux remplis de cloches et de métaux brisés ont été envoyés, de quelques départemens, à Paris, pour les verser à l'hôtel des monnoies, où, depuis la révolution, on n'avoit pas cessé d'y empiler de l'or et de l'argent par lingots et en barres propres à la fabrique des monnoies de cours.

Pourquoi donc, lorsque le papier-monnoie a servi à faire la guerre près de cinq ans, le numéraire, en toutes espèces, manque-t-il, et depuis si long-temps, dans la circulation ? Qui a volé ces piles énormes de matières d'or et d'argent que le public dit avoir vu amoncelées à l'hôtel des monnoies ? La révolution n'a point étendu ses ravages, malgré les corps législatifs, sur cet hôtel ; et toujours sera-t-il certain que les piles d'or en masse, de lingots et de barres d'argent séparées des masses d'airain, de bronze, de cuivre rouge, de billon et de potin, autres que les cloches et les matières propres à la fonderie des canons, des bombes, mortiers, boulets de divers calibres divisés dans d'autres ateliers, que tous les objets ci-dessus désignés, et ceux qui ne le sont pas, n'ont pu disparoître, sans que les législateurs, qui n'en disent rien à la nation, ne le sachent et ne l'aient permis, sans qu'ils ne l'aient bien voulu, quand ils ne devoient pas le vouloir, sans qu'ils ne l'aient permis, ordonné au nom de la nation, puisque leur premier devoir, en qualité de ses premiers mandataires, étoit de veiller sur ses grandes propriétés ?

Or, si ces mandataires avoient fait le contraire de ce qui les appelle et constitue en corps législatifs, n'en devroient-ils pas compte, eux qui se croient peut-être inviolables et personnellement irresponsables, en se réfugiant chez une apparence de constitution qu'ils ont fait recevoir à coups de canon, toute informe qu'elle est; eux qui la violent tous les jours, ainsi que leurs propres lois; eux que la nation n'a établis que pour faire le bien général de la société, garder ses intérêts, et rendre de sages lois de gouvernement? *Fiat lux.*

On sait bien que l'or monnoyé peut aisément disparoître; mais l'or et l'argent en barres, en lingots empilés, ne le pourroient sans le silence et l'adhésion de ceux préposés à les garder, à les surveiller, à les vérifier et contrôler, à les distribuer aux ateliers de fabrication, à les contremarquer, de ceux qui jouissent du droit de retenue sur ces matières premières, d'ailleurs sujettes aux essais de l'affinage avant de les fondre, outre qu'il y a encore une infinité d'artistes mécaniciens, de distributeurs, de caissiers, de receveurs, de lamineurs, de mesureurs, de graveurs qui en ont pareille connoissance.

Si donc ces matières manquent à la République, est-il un seul de ces mandataires, ni des fonctionnaires par eux préposés, qui doive rester en place, qui ne doive être poursuivi jusqu'à restitution intégrale, même puni? La justice commande au moins cette sévérité. *Severitatem magnam enim res ipsa flagitat.*

Et la troisième constitution peut-elle aussi sub-sister plus long-temps , quand elle n'enfante que des monstres et des horreurs, et qu'elle ose dire qu'elle ne pourra être revisée ou renouvelée qu'après dix ans?

La constitution détermine bien le salaire des mandataires et de leurs subalternes au directoire, du pouvoir exécutif seulement; mais elle n'autorise point ces mandataires de s'asseoir despotiquement sur les finances , et de nommer des commissions de son sein pour les régiminer à leur fantaisie, et s'en approprier la direction qui est incompatible à des corps législatifs. Voilà sans doute des germes de solutions à déterminer promptement par tous les principes du droit public , de la justice et de la raison, contre les infiniment coupables qui ne peuvent rester juges de leur propre cause. *Nemo enim in propriâ suâ causâ judex...* Point de portes de derrière pour s'échapper : les délits sont constans et mille fois *certiorés.* La vérité qu'on ne peut tuer, parce qu'elle est forte comme Dieu même , cette vérité est toujours là. O nation ! décidez si vous devez encore risquer la perte du reste de vos propriétés immenses, laisser couler de nouveaux torrens de sang innocent, et exposer l'Empire Répu-blicain à une ruine entière, pour maintenir plus long-temps en place huit cents autorités dévastatrices, ignorantes, orgueilleuses , impies , infidelles à tout engagement !

Démonstration

Démonstration du régime actuel des finances.

Tout ce qui peut mener impunément à la fortune nous paroît légitime.

Comment les législatures, qui se divisent par la constitution en deux conseils, sont-elles si impolitiques, si contraires à tout bon ordre, si ennemies des principes reçus et des usages fondés sur la plus longue expérience, qu'elles englobent les finances dans leur sein ; qu'elles se rendent incompatiblement les exécutrices de ses ordres en cette partie majeure ; qu'elles s'arrogent non-seulement l'entière direction de ces finances, dont elles n'ont pas la première notion ; mais qu'elles s'attribuent despotiquement l'audition, l'examen, l'approbation des comptes à rendre par les particuliers, sans cependant en recevoir ni viser aucun ; qu'elles se montrent sur le principal fonds de la nation, tout-à-la-fois *juge et partie*, en établissant des comités, des commissions de leurs corps pour lui faire des rapports, et faire prendre de mauvaises résolutions ; qu'elles établissent en sous-ordre, par ces mêmes commissions hors de leur sein, 1°. la trésorerie nationale ; 2°. deux grands bureaux de comptabilité apparente, mais très-inutiles, très-dispendieux à la nation, s'ils ne peuvent faire rentrer les fonds dilapidés ; l'un, avec cette fausse inscription, rue Antoine, en lettres d'or, sur la porte de l'ancienne chambre des comptes ; l'autre, dans la cour du Palais de Justice : Comptabilité nationale, comme si c'étoit à la nation à rendre des comptes, plutôt qu'à en recevoir, en bonne forme, de ses agens généraux, au moins tous les ans, pour les sanctionner ou improuver publiquement ; qu'après un si

C

puérile régime, non commandé aux législateurs, elles donnent journellement, sur la réquisition de leurs commissions des *finances*, des *dépenses*, des *hôtels des monnoies*, des décrets aussi contradictoires que désorganisateurs et ruineux pour le public ? faudra-t-il demander d'où dérive l'excessive misère qu'éprouve la presque-totalité des Français, par tant de désordres établis pompeusement, tant dans les finances de papier-monnoie, que dans celles des matières métalliques depuis dix ans ?

L'on a dit, le 6 août 1796, ou 19 thermidor, qu'il y avoit trois à quatre sortes de comptabilités établies par la quatrième législature, *à frais perdus*, savoir : *la comptabilité arriérée, antérieure à l'année* 1789 ; 2°. *la comptabilité de toutes les dépenses faites depuis le commencement de la révolution ;* 3°. *la comptabilité de la guerre*, qui offre plus de 47 milliards de pièces à examiner, et dont 27 milliards étoient déjà classés par la trésorerie qui ne devoit finir cette opération qu'en deux ans ; 4°. *la comptabilité quasi constitutionnelle, c'est-à-dire, celle des dépenses faites depuis qu'on suppose le gouvernement constitution- nellement établi.* Mais ces bureaux de comptabilité, non créés par la constitution, ne doivent connoître que de la *comptabilité courante*, quoiqu'une loi subséquente leur attribue encore la *comptabilité arriérée*, dont, avec tant de commissions particulières, nommées et tirées du sein de la législation, il est difficile, impossible même de s'occuper utilement.

On ne parle pas de la *cinquième comptabilité* qui, intéressant essentiellement la chose publique, doit être toujours active, et qui a aussi une commission apparente pour la faire mouvoir ; c'est la fabrication des monnoies dans les hôtels de fabrication désignés.

Il faut, dans cette fabrication, un approvisionnement, une répartition, une distribution économique de tous les métaux ; ce qui exige une *comptabilité continuelle et une quotidienne vérification ;* et l'on est, dit-on, indécis, faute de principes lumineux, de quelle manière, au temps présent, l'on procédera à cette urgente fabrication. On peut bien la ralentir, quand les matières ne sont pas abondantes, mais jamais la faire cesser entièrement. On demande donc si on la confiera, en 1796, à l'entreprise, sous la condition de faire compter, de clerc à maître, chaque directeur, auquel, sous sa responsabilité, il sera alloué la somme de . . . . . , pour toutes matières d'or et d'argent qu'il convertira en espèces, ou si, par économie supposée, le gouvernement les fera fabriquer à ses frais, ce qui amène chez lui sept points de résolutions à prendre pour déterminer seulement le mode de traitement ou de paiement à accorder aux fabricateurs et aux surveillans.

Enfin, après dix-huit mois, l'entreprise a été acceptée ; et l'activité des fabriques que la misère générale recommande toujours, n'en a pas été plus grande.

Sous l'ancien régime, il se fabriquoit, par jour, 300,000 fr. de monnoies mises en circulation, à présent seulement il ne s'en fabrique que pour 70,000 f. même que 50,000 fr. Il est d'importance urgente de constater ce fait qui inculpe tous nos gubernateurs aussi bien que nos constitutions imprévoyantes.

Toutes ces comptabilités, incompatibles dans des corps de législation, visiblement contraires au bien du public, obtiendront-elles sa confiance et sa sécurité, lorsqu'elles sont établies sans examen, sans vérification, sans autre allocation que la simple mention futile au bulletin des lois, pour être ensuite, les états trimestres, déposés aux archives?

Disons donc que de telles comptabilités illusoires, dérisoires même, quoique dispendieuses, informes, trompeuses, complices des vols et des voleurs de la République, sont certainement autant nulles qu'abusives; qu'elles ne servent qu'à cacher, *entériner* les déprédations, sans produire à la République une seule restitution; que, loin de réglementer, d'organiser, économiser les finances de l'État, elles ajouteront la confusion et de nouveaux déréglemens à ceux des siècles passés. Suffiroit-il de dire que ces comptabilités sont à jour? Toutes s'y trouveroient en la manière de la fameuse caisse générale et extraordinaire d'Amelot, sur le seul faux rapport de *Cambon*, membre de la deuxième législature; et des milliers de grands comptables, de dépositaires, de fournisseurs, débiteurs de la République, s'évaderont et ne seront jamais atteints ni convaincus de leurs déprédations si extraordinaires qu'elles puissent être. Quel abîme sans fin!

3°. L'ordre simple et régulier, une fois maintenu dans les finances, appelle soudain l'économie, et l'activité de leur fabrication qui les fait multiplier. Leur multiplication et leur bonne distribution font le repos, la force et l'aisance de l'État, quelques secousses qu'il essuie de ses ennemis extérieurs. Cette expansion régulière tient très - nécessairement à l'ordre public, et l'ordre public tient à l'ordre constitutionnellement observé. Le système monétaire a des principes dont on ne s'écartera jamais sans causer des troubles, des catastrophes intérieures ; et ces principes généraux auxquels il faut s'attacher, tiennent aussi à ceux d'une comptabilité, d'une responsabilité générale qui n'exceptent judicieusement personne. Quiconque ne croit pas devoir se soumettre à de si bons principes réglémentaires, doit être tenu fort suspect envers la patrie.

Car qui peut surmonter ce principe ? *Sans comptabilité et responsabilité généralement établies, point de finances :* définition aussi certaine que celle de l'inverse : *Sans finances , point de gouvernement solidement constitué.* D'où suit nécessairement cette conséquence, que sans *bon régime des finances,* point d'Etat , point d'Empire , point de République qui se soutienne long-temps dans l'univers, si on admet , ou l'aristocratie, ou la démocratie, ou la monarchie, ou l'anarchie , ou l'oligarchie , ou le néantisme, qui est le mixte neutralisé d'une sorte de faux naturalistes et d'égoïstes, rapportant tout à eux seuls , vivant néanmoins soigneusement comme des êtres nuls, au sein des sociétés civilisées.

L'effrayant tableau que traça le directoire avant l'expédition de Buonaparte en Egypte , sur la désolante situation des finances de ce temps-là, n'est pas seulement un démenti donné aux flagorneuses commissions des *finances*, mais une forte vespérie contre l'insouciante conduite des corps législatifs qui, n'écoutant que les rapports des comités mal composés *des dépenses et des monnoies*, ne présentoient chaque jour que de fausses résolutions sanctionnées par l'inutile conseil des anciens. Ce message est pour le temps une précieuse et obligatoire dénonciation qui accuse implicitement d'invalidité, la constitution d'avoir établi des conseils si nombreux et si contraires aux intérêts de la République, en même temps que les trois commissions, d'avoir suscité et répandu sur les Français le déluge de maux qui les ont affligés, et les accablent encore de plus en plus.

Dès-là, ne faut il pas conclure qu'il est de la plus pressante nécessité d'adopter un meilleur régime, d'abolir, le plutôt possible, *l'embrion constitutionnel*, de supprimer les conseils et les commissions qu'il a fait naître, puisqu'en désorganisant impérativement toutes les parties de la France, ils se sont montrés autant et plus dangereux que la peste à la société générale, qu'ils feront enfin exécrer de toutes les nations amies comme ennemies par leur incapacité ?

*Prototype subsidiairement proposé aux Français,
pour soutenir l'Etat en tout temps, indépendamment des constitutions qui sont à renouveler le plutôt possible.*

Ditant Rempublicam, parcimonia,
regimen et ordo. *Prov. antiqui.*

Le moyen qui nous paroît, en examinant les premiers fondemens d'une République et les principa-

les branches de sa composition et de ses ressources ,
le plus prompt et le plus certain à établir contre les
corps législatifs qui s'approprient le régime et la direction entière des finances sans en avoir l'attribution.

C'est au nom, et par la nation , de créer en titre
d'agence générale des finances, ou telle autre dénomination qu'on voudra, un corps permanent et ina-
movible de 5o à 6o vertueux citoyens choisis parmi
les plus probes, les plus éclairés et les plus expérimentés en finances et en banque, tant de Paris que
des principales villes de France, qui entr'eux se ré-
partiront la charge, les travaux ci-après, et tendront,
1°. à réglementer à perpétuité l'ordre, l'économie,
la direction, la manutention, la comptabilité générale de ces finances ;

2°. A les restaurer, régénérer, organiser, améliorer, multiplier au degré du besoin ;

5°. A les faire fabriquer, circuler dans l'étendue
de la République, pour rentrer au trésor et en res-
sortir successivement, afin d'alimenter la multitude
des branches, premières, secondes et troisièmes
dont nous donnerons à la fin une rapide nomenclature en simple aperçu ;

4°. A surveiller et réglementer les hôtels, les fabriques monétaires, en les faisant sans cesse appro-
visionner de tous les métaux nécessaires à leur entretien et à leur activité régulière et perpétuelle ;

5°. A rechercher, sans appel, les régies, les fermes,
les administrations, les ageus, les recettes, les trésoreries, les caisses publiques, les dépôts, les magasins d'approvisionnement, les ateliers de fournitures aux armées nationales, les arsenaux, faire

rendre compte , annuellement et sans exception de personne en place, à tous préposés qui reçoivent les droits , les impôts , douanes , subsides , rentes et deniers de l'Etat , en quelque administration que ce soit, et en la forme qui sera prescrite par le corps constitué par la nation ;

6°. Qui, d'après l'apurement de tous ces comptes, publiera et présentera à la nation , vers la fin de chaque année , non-seulement l'état sommaire de ses revenus et de ses dépenses , mais encore en aperçu autant que possible la situation des principales branches d'administration pour lui, en faire connoître les progrès ;

7°. Il requerra du corps législatif, si besoin est, toutes lois qui lui seront nécessaires , soit pour la manutention , soit pour l'accroissement des finances et l'avantage des branches de l'Etat ;

8°. Il veillera tant à la conservation provisoire qu'à l'augmentation des biens qui sont le domaine propre et le trésor réservé, inaliénable, imprescriptible de la nation ;

9°. Il tendra toujours à les réunir, à les manifester , et s'opposera à ce qu'ils soient désormais , pour quelque cause que ce soit, vendus à vil prix, soumissionnés, détournés, aliénés, altérés, dénaturés, échangés ; mais au contraire affermés, admodiés, arrentés, approfités au plus grand avantage de la nation , comme devant en tout temps servir de gage et d'hypothèque aux papiers-monnoies, aux emprunts forcés que les circonstances des temps malheureux pourroient contraindre l'Etat d'ordonner dans des crises calamiteuses qu'il n'auroit pu prévoir ni prévenir.

Il est indubitable qu'une grande nation, pour être heureúse , doit posséder en masse un trésor, un domaine réel, dont l'usufruit soit sagement appliqué par ses gouvernans , tant au soulagement des pauvres , des malades , des indigens , qu'aux vieillards et aux estropiés , même à récompenser ceux qui auroient rendu des services éclatans et extraordinaires à la patrie.

Mais certes , cette propriété de la nation est de sa nature , *incommutable* , *inaliénable* , *incessible* , *imprescriptible.* On peut bien en engager, en échanger des portions , quand l'avantage de l'échange tourne au profit de la nation d'une manière certaine et évidente ; mais on ne peut jamais en dépouiller sa minorité par des dons, des ventes à l'encan, des tranports , des cessions finales et absolues. Le gouvernement qui n'est ici que le tuteur de la nation , n'a pour elle la jouissance que de l'usufruit de ses biens domaniaux ou nationaux ; s'il en use mal, elle aura toujours sur lui le droit de reprise et de retour en cas de lésion manifeste : or, tous les jours ses mandataires, passant les pouvoirs qu'ils ont reçus d'elle , font vendre ses biens domaniaux et nationaux à vil prix , ils en achètent eux-mêmes par des soumissionnaires gagnés, et des prête-noms, quoiqu'ils n'ignorent point, ces mandataires , que la nation ne les a point envoyés et mis en place pour la dépouiller et ruiner *singulis diebus.* Aussi le corps que nous proposons de créer provisoirement, sera plus nécessaire à la nation, que cent mille législatures dévorantes , telles que les cinq qui ont malheureusement existé depuis la révolution.

10°. Il se hâtera, si cela n'est déja fait, de supprimer les régies nationales de ces biens nationaux , qui , par leur cupidité et leurs frais de régie , en mangent et absorbent d'avance les produits.

11°. Il fera amasser au trésor de la nation tous les droits de fisc , de confiscation , d'amendes, de condamnations prononcées contre les émigrations, les crimes, les délits tant par les décrets des corps constitués, que par les jugemens des tribunaux. Si l'assemblée constituante a touché à ces droits de fisc , son décret doit être cassé comme non avenu.

12°. Autant de députés ou fonctionnaires publics qui auront fait acheter pour eux de ces biens domaniaux durant leur gestion , doivent être, si le fait est prouvé , destitués , poursuivis à restitution et perdre le prix de leurs soumissions.

13°. Il conseillera , il préviendra , il informera le corps constitutionnellement établi à l'avenir pour abroger les mauvaises lois , en décréter de meilleures dans tout ce qui intéressera l'Etat ; car des corps , quoique séparés et appliqués à des fonctions différentes , doivent toujours marcher sur la même ligne du bien général ; et s'il étoit même permis de disputer entr'eux ou de rivaliser , ce ne devroit être jamais qu'à qui sauroit rendre de plus grands services à la patrie, méprisant leurs devanciers, qui n'en voyoient une que pour la dévorer.

14°. Enfin, s'appliquant à déraciner les vices et les abus qui troublent le repos et la sureté de la société, il tournera ses vues , ses plans d'organisation vers la généralité des peuples , vers la majorité des grandes communes, sans négliger les plus petites qui entrent dans la masse totale.

15°. Ses honoraires seront fixés au même taux que ceux des membres du corps législatif, sans pouvoir jamais s'en attribuer eux-mêmes d'autres plus forts, à peine de destitution *ipso facto*.

Dès l'instant de sa formation, il attaquera l'hydre, et portera ses regards sur le dédale des finances pour les organiser : il recherchera dans ce chaos les arriérés des impositions, fera acquitter les débets, restituer les soustractions évidentes, poursuivra les *déficits*, prononcera la quotité des restitutions, des amendes et des confiscations, fera vider les mains aux comptables et dépositaires, conservera les domaines nationaux, empêchera, par droit et justice, qu'ils ne soient soumissionnés ni vendus journellement, requiérera les lois qui seront indispensables au maintien de l'ordre dans toutes les parties, recevra, débattera, rejettera ou allouera les comptes et les états, selon qu'ils se trouveront plus ou moins conformes aux règles qu'il aura prescrites. Il s'opposera à ce que les biens des particuliers ne soient pas taxés dans les contributions, au-delà du cinquième du revenu net, et étendant sa sévérité sur les énormes dilapidations faites à la nation, dans les années de la révolution, il apprendra l'usage et les frais ruineux pour l'Etat, des 45 milliards d'assignats si mal-à-propos fabriqués et mis en circulation dans le dessein sinistre de perdre la patrie, au lieu de la sauver.

Tel est le plan que nous adressâmes le 25 messidor, an cinquième, à Henry de la Rivière, président du conseil des cinq-cents ; 4 mille autres bons citoyens s'étoient aussi empressés de fournir leur projet aux comités des finances, sur l'invitation du conseil des cinq-cents.

Nous ne nous dissimulons pas que le nôtre offre de grandes difficultés, et qu'il faut aussi prendre aujourd'hui de grandes et promptes mesures, quand la patrie est visiblement plus en danger qu'en l'an cinquième ; mais ce plan seroit-il moins exécutable que les constitutions qui ont enfanté tous les maux dont la France gémit, moins exécutable que ces constitutions qui ont créé tant de corps législatifs, qui se sont plu de sauter dessus à pieds joints, pour les violer et les fouler avec le plus ironique mépris ? Ah ! que nous embrasserions avec de brûlantes larmes de joie celui qui, sans préparer de nouveaux maux, trouveroit le moyen d'empêcher la France de succomber sous le poids immensurable de ses adversités anciennes et nouvelles ! Il n'est que Dieu à qui cela fût possible ; mais par nos immoralités, nos désunions, nos haines injustes, nous l'empêchons de nous secourir, en rejetant et abandonnant ses lois qui seront éternelles comme lui.

La défectuosité des constitutions et des lois, nous dit assez qu'il ne faut pas que notre corps financier naisse de celui de la législature, ni qu'il dépende des vices des assemblées primaires et électorales, dont on a toujours capté les suffrages. Ce seroit aux assemblées populaires à le provoquer comme mesure de sureté pour le salut de la nation, si elles étoient elles-mêmes bien organisées et autorisées d'agir sur de bons principes. Mais si elles n'ont la liberté que de s'assembler, discourir, faire des notes et proposer des conseils qui ne seront jamais adoptés ni résolus par les législatures actuelles, elles s'assembleroient en vain, pour tous les cas urgens, et ne réussiroient sur aucun point ; il est et sera toujours de nouveaux Louvet, Hardi, Fabre, Vidal, Bailleul, Riou, Pasto-ret, ennemis de la vérité, des journaux et de la liberté de la presse, qui s'opposeront, quoique la constitution même ne donne pas de limitation *à la liberté de dire sa pensée, l'écrire, l'imprimer, la publier*. La censure des publications qui blessent l'intérêt et le bien général de la société, est évidemment la seule né-cessaire qu'il fallût décréter.

Les douze métropoles de Paris, Lyon, Bordeaux, Rouen, Nantes, Toulouse, Marseille, Bourges, Montpellier, Bruxelles, Orléans, Reims, suffiroient seules pour fournir les membres du corps financier proposé ; mais pour vaincre les difficultés qui se présentent en foule, également contre la constitution, il faudroit encore :

1°. Que le tiers qui vient d'être remplacé de 250 nouveaux élus par les départemens, le fût pour dix ans, parce qu'un élu, quelque capacité qu'il ait, il lui faut du temps, même en travaillant beaucoup, pour se mettre au fait des grandes et épineuses affaires de l'Etat, avant de le pouvoir servir utilement ;

2°. Que le choix en soit mieux fait que par le passé.

Que ses pouvoirs fussent limités, et bien désignés par les assemblées primaires et électorales, puisque les députés instalés au corps législatif au nom de la nation, en qualité de ses représentans, surpassent toujours l'autorité qu'ils ont reçue, sans même remplir leurs premiers devoirs;

4°. Il faudroit qu'en arrivant à la législation, pour n'être pas suspectés de vouloir faire une fortune excessive, ils donnassent tous le tableau, signé d'eux, de celle actuelle qu'ils ont en entrant, pour la comparer à celle qu'ils auront en sortant au *decemnium*;

5°. Que le traitement honorifique de la nation pour chaque membre fût exprimé et déterminé le même dans toutes les assemblées électorales, pour qu'ils ne pussent ni les changer ou augmenter à leur gré;

6°. Que les séances du corps législatif, fixé à 150 membres seulement, fussent régulièrement de quatre heures le matin, et autant le soir de chaque jour, sans intermission, puisque la multitude des matières d'Etat l'exige impérieusement;

7°. Que les représentans, par motion d'ordre à la clôture de la séance du soir, se répartissent les matières à proposer le lendemain au débat et de discussion suffisante avant de les résoudre à la pluralité des voix, laissant à une commission la lecture et vérification des procès-verbaux, qui dérobe inutilement la plus grande partie du temps des séances;

Qu'entr'eux ils se répartissent les travaux les plus urgens par ordre, de manière qu'aucun membre, pour n'être pas inutile à la République, ne manquât jamais d'occupation;

9°. Que ceux qui par paresse, ou sans cause raisonnable, manqueroient à l'appel primordial des séances, fussent pointés par le président et renvoyés chez eux , pour être remplacés après dix absences reconnues ;

10°. Qu'aucun membre ne fût, pour quelque cause que ce pût être, détourné de son poste, ni envoyé dans les départemens.

11°. Attendu que l'attribution entière est donnée au pouvoir exécutif de faire exécuter toutes lois nouvellement rendues sur la justice ; les polices ; les finances ; l'agriculture ; le commerce intérieur et extérieur ; la marine ; les colonies et les îles ; les institutions publiques ; le culte ; la morale ; la politique ; les relations étrangères ; la diplomatie ; les négociations réciproques avec des puissances amies ; les traités de confédération , d'alliance et de négoce ; la guerre offensive et défensive ; la population en masse ; la paix ; les hautes sciences ; les arts libéraux et mécaniques ; le génie ; les fortifications ; les routes intérieures ; les canaux navigables ; la librairie ; les postes ; les manufactures, usines et ateliers de tous genres différens ; les hôpitaux civils et militaires ; les prisons et les hospices de retraite pour les invalides ; les incurables et autres ; les impositions et contributions ; les rentiers ; les pensionnaires ; les défenseurs de l'Etat , tant sur mer que sur terre ; le droit des gens et de la nature ; les eaux et forêts ; les domaines nationaux ; les territoires communaux , etc. qui font la base fondamentale des quarante colonnes de la patrie.

12°. Que tous les corps constitués, en cas de guerre à entreprendre ou de paix à conclure, consultassent les départemens avant de déclarer la première solennellement, et d'avoir indiqué les avantages de la seconde à la nation.

Examen rapide et critique des quatorze titres de la constitution de l'an 3, qui régit la République depuis six ans.

> Toute critique qui soutient la *vérité*, devient nécessaire au public, et sa promulgation est l'égide national.

Nous n'aurions jamais fait, s'il falloit discuter, l'un après l'autre, les trois cent soixante-dix-sept articles de cette constitution. On auroit aussitôt fini, par esprit de changement, à gréciser ou romaniser la langue intelligible des Français, qu'il importe de conserver et d'épurer toujours. Nous n'examinerons l'esquisse de cette constitution que dans ses quatorze titres. Les questions qu'ils feront naître sur son ensemble, démontreront sans doute sa nullité pour une grande République ; quand cette nouvelle constitution n'a presque rien prévu de ce qui est essentiellement nécessaire à la nation. La République, qu'on ne peut lier ni garrotter à son détriment, ne doit pas attendre que dix à douze années révolutionnaires soient passées pour reviser, changer, abolir cette constitution, si l'intérêt général, appuyé d'une fatale expérience, le demande, et il y a ici *periculum imminens* de différer, puisque la nation entière souffre à tout excès des dispositions, des imprévoyances, des défauts de cette constitution, et que presque toutes les branches de son gouvernement dépérissent, faute du régime intelligent d'une petite famille bien gouvernée par le père et la mère. *Attendite et videte, civitates Gallicæ.*

Le

Le premier titre de la constitution comprend, pour l'an 3, la division du territoire français, dont, à la paix qui terminera les fléaux horribles de la guerre, il se trouvera moins de cent vingt départemens, si par les trahisons et les réactions qui se succèdent, il échappe à la République des parties majeures, qui n'ont sollicité leur réunion, que pour en être soutenues.

C'est une inconséquence du titre 2, de ne donner à plusieurs articles d'exécution qu'à compter de l'an douzième de la République, et c'est autoriser l'émigration d'ici à cette époque.

Les titres 3 et 4, concernant les assemblées primaires et électorales entées par la convention nationale, ont-ils procuré parmi les représentans du peuple plus de patriotes, de savans, d'hommes de mérite et de vertu, que la convention n'en a fait injustement périr sous le glaive de la guillotine, sans avoir le courage de s'opposer à l'infâme triumvirat sorti de son sein ? Les votes de ces assemblées, sans cesse révolutionnées par les agens dévoués du directoire, n'occupent-ils pas toute l'année le conseil des cinq-cents, pour les infirmer, les casser, tandis que des milliers d'affaires, non moins urgentes dans les parties du gouvernement, restent indécises et sans lois ? Et le directoire, qui, par la trop grande autorité que lui attribue la constitution, paroissoit vouloir vendre et livrer la République entière à ses ennemis, ne se moquoit-il pas de cette constitution, qu'il affectoit de faire exécuter dans les seuls points qui favorisoient ses desseins ostentatoires et perfides ?

D

Le titre 5, sur le pouvoir législatif, est-il plus
sensé, lorsqu'il le compose, non plus de douze cents,
mais de sept cent cinquante législateurs, gubernateurs, représentant en masse la nation française,
divisés en deux conseils, qui, séparés, jamais unis
d'intention virtuelle pour le salut du peuple, s'en-
tre-choquent, se rivalisent d'opinion, guerroyent
sans cesse, se partagent, forment des partis secrets,
et ne se résolvent que d'après des commissions sur
le rapport desquelles toutes les affaires publiques, si
nombreuses et si pressantes qu'elles soient, sont re-
tardées, mises en ajournement, ou renvoyées au
néant par l'ordre du jour, quoiqu'elles ne décident, *ab
abrupto*, que par assis et levé, qui est assez douteux.

Le titre 6 concerne le pouvoir exécutif, et c'est
la seconde autorité qui, par ses attributions, domine
la première, quoiqu'il ne soit composé que de cinq
membres, précisément à considérer, dans les accep-
tions du terme et de la chose, cinq vice-rois. Toutes les
prérogatives, le premier rang, la signature, et la garde
du sceau de la République lui sont confiés. La nomi-
nation des généraux en chef, des ministres, des fonctionnaires publics, des préposés en chef des régies, des contributions et des administrateurs des
biens nationaux, sont de son choix; le corps législatif détermine seulement le nombre et les attributions de ses ministres. Ces ministres sont déclarés
responsables, et le directoire ne l'est pas.

L'art. 7, sur les corps administratifs et munici-
paux, est le mieux rédigé de la constitution. Mais
les dispositions générales du titre 8, sur le pouvoir
judiciaire dans toutes ses parties, est plein de vices

monstrueux. La justice doit se rendre gratuitement, parce que la nation se charge du salaire des juges, et cependant il en coûte plus aux plaideurs que par le passé, dans les tribunaux civils, parce que 1°. il n'y a point de code législatif, ni de code judiciaire sur lequel on puisse se reposer : 2°. il n'y a point de taxe prononcée pour le salaire des avoués ou défenseurs officieux, ni pour les huissiers et les greffiers, qui se font payer tout ce qu'ils veulent, sans qu'on ait droit de reprise ou de vespérie contr'eux, formant à part une classe nombreuse et privilégiée, qu'on ne peut pas plus atteindre que celle des charlatans, des empiriques et prétendus médecins dans l'art de tromper et de ruiner. 3°. La rocambole de la forme l'emporte toujours sur le fond de la question qui est à juger. 4°. Ces tribunaux civils ont plus d'attribution que le tribunal de cassation, qui, ne pouvant au bout de trois mois connoître du fond des affaires, ne casse que les jugemens où les formes ont été violées, en renvoyant le fond du procès à un autre tribunal civil. Il n'y a point non plus de code criminel pour atteindre les grands criminels, ni de code de police civile et correctionnelle. Il n'y a nul code militaire, de marine, de commerce, de jurisprudence, qui cependant devroient exister avant l'établissement des tribunaux de ces grandes branches d'Etat pour les régulariser. Ce tribunal de cassation, qui représente, par sa supériorité apparente, la grand-chambre du ci-devant parlement, n'a point l'attribution qu'il doit avoir pour être utile. Les juges de la haut-ecour de justice pour les forfaits commis contre la République, se tirent du même tribunal de

cassation, et de hauts jurés nommés par les assemblées électorales des départemens, en vertu de pro-
clamations lointaines publiées par le conseil des cinq-
cents, en sorte que si les cas sont urgens, comme il
arrive aujourd'hui, les coupables, fussent-ils dénoncés,
accusées par tous les départemens, trouvent le temps
de s'évader à leur aise avec leur fortune d'iniquité, et
les cinq-cents eux-mêmes, fussent ils complices
de tous les crimes d'autrui, et auteurs personnels
des leurs, demeurent intacts et inviolables. Cela se
peut-il croire ? Il faut donc, que la République
périsse avec sa constitution, plutôt que ses gubernateurs, s'ils ont été infidèles, ignorans, invigilans, insoucians, etc. etc.

Le titre 9, de la force armée, a été institué pour
défendre l'Etat contre les ennemis du dehors, et pour
assurer au-dedans le maintien de l'ordre et l'exécution des lois. Fort bien ; mais la garde nationale sé-
dentaire, la garde nationale en activité, ne peuvent-
elles pas être mieux faites ? Les chefs commandant
les armées s'attacheroient-ils à bien servir la République, s'ils n'ont pas l'espérance d'en être loués et
récompensés après plusieurs campagnes qui leur
auront acquis l'estime générale du soldat ? Où est le
lien de ces chefs au corps social ?

Le titre 10, sur l'instruction publique en 6 articles, est-il suffisamment détaillé pour une République
qui comprend plus ou moins de trente millions d'habitans ? N'est-elle pas autant flétrie, malgré son importance infinie et sa politique, dans un gouvernement que l'on veut civiliser, presque aussi nulle
que la *religion et la morale* dont on ne parle pas,

et qui font seules les *bonnes mœurs* et la *vraie police* des Etats ? Que deviendront les individus qui n'auront ni institutions fondées en grand nombre, ni mœurs, ni religion, ni culte dominant, ni police, ni règles de conduite à observer ? Que deviendront ceux qui ne seront plus appuyés sur la *foi, l'espérance et la charité*, vertus morales et théologales, que la divinité fait germer dans les ames ? O convention, n'est-ce pas toi qui as renversé la France par ta stérile et folle constitution de l'an 5 ? Toutes les sciences et les arts ne viendroient-ils pas descendre comme dans le néant ? C'est à la presse, à ce bouclier national, que tu persécutes vainement, à le faire sentir aux nations présentes et à celles de la postérité.

Le titre 11, finances, que la constitution ne définit que par les contributions en une douzaine d'articles, « attribue au seul corps législatif des cinq-
» cents le droit de régler la fabrication et l'émission
» de toute espèce de monnoies, d'en fixer la valeur,
» le poids, et d'en déterminer le type ; ensuite le
» directoire est autorisé de surveiller la fabrication
» de ces monnoies, et de nommer les officiers char-
» gés d'exercer immédiatement cette inspection ; puis
» la trésorerie nationale, composée de cinq commis-
» saires, cinq ans en fonction, se renouvelle un à
» un durant le même *quinquennium*, et c'est cette tré-
» sorerie, chargée du reste de la manutention, qui doit
» non-seulement surveiller la recette de tous les de-
» niers nationaux, mais encore ordonner les paie-
» mens de toutes les dépenses publiques, consenties
» par le corps des cinq-cents, *tenir compte ouvert*

D 3

(54)

» de dépense et de recette avec les receveurs et
» payeurs des départemens, entretenir avec ces re-
» ceveurs, payeurs, et les régies d'administration, la
» correspondance nécessaire pour assurer la rentrée
» exacte et régulière des fonds, afin d'arrêter et vé-
» rifier les comptes ; *indè mali labes.* »

Delà ne résulte-t-il pas que le corps législatif, qui
n'est chargé, dans le principe, que de préparer de bons
codes sur les objets qui en demandent, et de faire
de bonnes lois provisoirement, a seul, avec le directoire, la faculté de s'asseoir sur toutes les finances
de l'Etat, et de les régiminer despotiquement et aussi
follement qu'elles le sont, au grand malheur de la
nation depuis dix ans ? Trouvera-t-on maintenant
des remèdes spécifiques, prompts, salutaires à tant
de vices ? Y a-t-il des mesures plus pressantes à
prendre, que d'abolir cette constitution, et tous les
corps moins régulateurs que révolutionnaires qu'elle
a enfantés ? Pourroit-elle, comme le dit le quin-
zième arrondissement de Paris, laisser impunis et
dans de si longues forfaitures, plus qu'évidentes,
tous ces corps ? La République est-elle si fortement
liée et garrottée, qu'elle ne puisse tout d'un coup se
relever de sa chûte, et des infidélités que lui font
d'indignes juremens, mille fois parjurés ?

Certes, il faut une nouvelle constitution soudaine,
qui s'applique au vrai régime de la meilleure nation
de l'Europe ; vous, génies français, que les adversités
révolutionnaires n'ont pu abattre, et que l'expérience
a instruits, assemblez-vous partiellement, au nombre
de vingt ou trente, concourez à un si grand œuvre
par une union sincère : dressez-en le plan, et le com-

muniquez à tous les départemens, pour en requérir, comme mesure de salut public, l'approbation ou l'improbation, par des réponses décisives. Par ce moyen, la nation en masse, usant de ses droits, révoquera la constitution de l'an 3, et tous les mauvais corps, pour en constituer de meilleurs. La chose n'est pas impossible, comme on le croit. Grand Dieu! créateur de toutes choses, inspirez-leur cet ouvrage infiniment au-dessous de vos merveilles quotidiennes, et la république renaîtra bientôt de l'abîme de ses maux !

Le titre 12, sur les relations extérieures, est une platitude dans ses dix articles. Les guerres qui exposent toujours l'Etat aux plus grands dangers, doivent-elles imprudemment se décider du soir au lendemain, sans discussion des conseils, et sur la seule proposition d'un directoire qui ne daigne pas proposer *préalablement* ses motifs, ni consulter la masse nationale dans ses départemens, tant pour entreprendre la guerre offensive, que pour réaliser les avantages d'une paix durable, sur-tout s'il s'agit, pour l'obtenir, d'aliénation de quelque partie du territoire de la République ? Entend-elle, cette république, abandonner sans retour et sans réserve tous ses droits les plus chers, ceux de tous ses habitans, sacrifier toutes ses propriétés et toute son autorité à des mandataires qui en voudront continuellement mal user, soit par invigilance ou par impéritie, soit par trahison ou par connivence, en tournant contre elle-même, et ses plus grands intérêts, ses finances et ses forces de terre et de mer ? Cela répugne au sens commun.

D 4

Le titre 13, touchant la révision de la constitution de l'an 3, promulguée à Paris, le 5 fructidor, ne tend, dans ses quinze articles turbulens, qu'à se faire visiblement perpétuer, à l'aide de ses conseils, au-delà de dix ans. Sa révision et son abolition reconnues, de plus en plus, urgentes, devroient se préparer tous les jours d'après l'expérience, lorsqu'elle met la patrie en danger imminent ; mais pour gagner du temps, la constitution (articles 538, 339 et suivans,) ne propose la convocation d'une assemblée de révision qu'à trois époques éloignées de trois ans en trois ans. On peut juger de là, sans passion, si ses rédacteurs, membres de la convention, par son atroce régime, avoient une patrie dans le cœur, et étoient plus inclinés au service de l'humanité générale qu'à celui des corps législatifs. Combien d'autres réflexions sur les faits passés, présens et futurs, si l'on prenoit la peine de disséquer en entier la loi constitutionnelle du 5 fructidor an 3 ! Notre esquisse ne lui donnera pas de nouveaux adorateurs. La vérité, que nous invoquerons toujours en témoignage, ne peut jamais être récusable, et les négations mensongères ne la feront jamais fléchir.

Le titre 14 et dernier de la loi constitutionnelle, ici présenté comme dispositions générales en titre secondaire, contient vingt-sept articles additionnels et complétaires du tout, jusqu'au dernier numéro 377, inclusivement.

La liberté, le plus précieux bien de toutes les sociétés civilisées des nations, est aussi souvent violée par les autorités dernièrement constituées que la justice, malgré la simple expression de quelques articles de la constitution que nous combattons, en les rapportant mot pour mot.

Art. 352. La loi, c'est-à-dire, la constitution de l'an 5, ne reconnoît ni vœux religieux, ni aucun engagement contraire aux droits naturels de l'homme.

Voilà qui est formel pour l'abolition des vœux religieux et des monastères ; mais cette constitution n'autorise pas les autorités législatives d'outrepasser ses dispositions ; d'attaquer et fouler aux pieds la religion dominante de la nation, pour la démoraliser, d'abattre les temples paroissiaux édifiés par la piété de ses ancêtres, de renverser les cloches, les clochers, les horloges, pour les briser au profit des impies, de proscrire tout culte, de changer les noms de toutes choses, d'introduire en place le paganisme ridicule des Grecs et des Romains de la haute antiquité ; d'intervertir les usages reçus et les noms territoriaux des provinces françaises ; de gréciser ou romaniser une partie de la langue nationale ; de fériser despotiquement les dimanches et les fêtes religieuses pour faire honorer les décades par la cessation du travail ; de forcer les notaires d'adopter l'ère révolutionnaire pour dater les contrats ; de donner de nouveaux noms aux mois, sans pouvoir cependant changer les saisons, ni les planètes ; d'interdire le baptême, de marier les individus à la manière des sauvages, d'enterrer les morts à-peu-près comme les chiens, d'établir le divorce le plus immoral ; d'empêcher la filiation des familles, pour qu'elles ne puissent hériter ni succéder par degrés d'affinité ; d'anéantir les codes, sans en proposer d'autres sur tous les cas, etc. etc. etc. La constitution dit bien qu'il y aura d'autres poids et d'autres mesures uniformes dans la République; mais, quoique cela fût à desirer, elle n'y réussira pas, à moins que la nation entière n'y consente.

Revenons à la religion. Y a-t-il dans l'univers un seul Etat qui n'en ait une dominante, même plusieurs différentes, tolérées comme en Angleterre et en Hollande ? On entend que la dominante est celle que professe le plus grand nombre des habitans. Si la nation française n'en admettoit plus aucune, par la fantaisie de ses mobiles gouvernans, les autres nations ne lui assigneroient-elles pas parmi elles le derdier rang des hiérarchies ? Des Français qui auroient, depuis dix-huit siècles, accepté, préféré la religion catholique à toute autre, pourroient-ils la rejeter, la méconnoître aujourd'hui pour se livrer, sans réflexion, à la volonté, à la fatalité, à la turpitude d'une troupe de gouvernans mécréans, qui passera demain dans l'oubli et dans le néant ? Si ces amovibles représentans ne professoient aucun culte, et ne se vouoient qu'au matérialisme, qu'à l'égoïsme, qu'à l'idolâtrie des richesses de la nature, et ne montroient, dans leurs propres résolutions journalières, nulle justice, nulle foi, nulle probité, nulle pudeur, faudroit-il préférer leurs décrets contradictoires aux lois divines qui sont immuables comme Dieu même ? Ces lois de Dieu ne font-elles pas toutes seules la saine police, la bonne moralité et le vrai régime des Etats et des nations qui s'y soumettent ? Bien plus, les gubernateurs d'aujourd'hui, qui ne voient ou n'aspirent rien pour eux dans l'éternité, donneront-ils, comme Dieu, des récompenses, en cette vie et en l'autre, à ceux qui, par inclination, comme par devoir, auront persévéré à faire le bien de la société sans ostentation ? Dieu a juré par lui-même d'aimer et récompenser au centuple les hommes vertueux et débonnaires qui le serviront dans leurs semblables et leurs ennemis, auroit-on moins de confiance à ses commandemens qu'à ceux des hommes pervers qui troublent les sociétés par leurs forfaits. Disons-leur ce que l'archange Michel dit à l'orgueilleux Lucifer révolté : *Quis ut Deus ?* Qui est semblable à Dieu ?

Art. 353. Nul ne peut être empêché de dire, écrire, imprimer et publier sa pensée.

Moi, dernier rejeton de la souveraineté du peuple français, j'ai donc ici la liberté naturelle d'exprimer ce que je pense du régime présent de ma patrie. Eh bien ! qui pourroit dire combien, entre autres patriotes de toutes les classes, de savans, de gens lettrés, d'écrivains distingués, d'hommes d'état, d'excellens républicains, d'imprimeurs, de libraires qu'on a poursuivis, persécutés, emprisonnés, ruinés et fait mourir depuis la loi constitutionnelle qu'on a violée dans ses dispositions non équivoques ?

Art. 354. Nul ne peut être empêché d'exercer, en se conformant aux lois, le culte qu'il a choisi.

Voilà la religion et son culte déclarés libres sans restriction. Il n'y avoit à corriger que les abus qu'avoient pu introduire quelques ministres indociles : mais la violation des corps législatifs est d'autant plus grande contre la constitution même, qu'ils étoient par elle créés, et chargés de la faire exécuter à la lettre, et non de l'amplifier dans ses vices.

Art. 355. Il n'y a ni privilège, ni maîtrise, ni jurande, ni limitation à la liberté de la presse, du commerce, et

(60)

à l'exercice de l'industrie et des arts de toute espèce.
Addition. Toute loi prohibitive en ce genre, quand
les circonstances la rendent nécessaire, est essentiellement provisoire, et n'a d'effet que pendant un an
au plus, à moins qu'elle ne soit formellement renouvelée.

Déclaration claire et précise. Comment en effet, si
la presse étoit interdite ou simplement limitée, proclamer tant de lois nouvelles, tant d'ouvrages, tant
de livres nécessaires, former une multitude d'instituts
nationaux, enseigner, étudier les sciences, les arts,
la religion, la morale en principes, les mœurs, la
police, la justice, le droit public, la langue même,
les étrangères, sans livres élémentaires sur toutes
les branches de l'Etat ? Ne retomberoit-on pas dans
l'ignorance où furent plongés nos ancêtres avant
l'heureuse découverte de la typographie ?

Art. 356. La loi surveille particulièrement les professions qui intéressent les mœurs publiques, la sûreté et la santé des citoyens ; mais on ne peut faire
dépendre l'administration à l'exercice de ces professions d'aucune prestation pécuniaire.

Cet article violé, dans tous les termes, par nos
représentans, leur interdit de lever aucuns impôts
sur les plus nombreuses classes du peuple travailleur,
afin qu'il puisse vivre. Cessez donc, représentans
infidèles à toutes lois nécessaires, de lever non-seulement sur ces classes, des impôts injustes, arbitraires,
mais encore rendez-leur tout ce que vous avez in-
duement reçu des patentes depuis leur établissement.
Cet impôt, à présent, devenu annuel comme d'autres pareillement vexatoires, n'est pas plus légi-

time que ceux sur les portes, les fenêtres, les cheminées, l'enregistrement, le papier timbré, les passes
d'une barrière à une autre, etc. à moins que vous ne
puissiez en établir sur les quatre élémens.

Art. 359. La maison de chaque citoyen est un asyle
inviolable pendant la nuit : nul n'a le droit d'y entrer
que dans le cas d'incendie, d'inondation ou de récla-
mation venant de l'intérieur de la maison. Pendant
le jour, on peut y exécuter les ordres des autorités
constituées.

Rien de plus positif, et rien cependant n'a été plus
souvent violé que les asyles, et de la manière la plus
anarchique, tant pour incarcérer arbitrairement de
jour et de nuit, que pour faire mourir en secret sans
jugement.

Art. 360. Il ne peut être formé de corporations ni
d'associations contraires à l'ordre public.

Art. 361. Aucune assemblée de citoyens ne peut
se qualifier société populaire.

Ces deux articles interdisent absolument toutes assemblées régulières et bénévoles, tant la convention
nationale a pris de mesures pour que son ouvrage constitutionnel ne fût pas dissous de long-temps ; mais faut-
il s'en soucier, quand il faut triompher des vices sans
nombre dont il fourmille, et qu'il s'agit autant de
retirer la patrie du péril et de l'affliction, que d'assurer son salut et sa gloire ? En observant, autant que
possible le reste des autres dispositions de la constitution jusqu'à son dernier article inclusivement,
on peut choisir, vu l'urgence, pour préparer le plan
que nous avons dit, un nombre suffisant des meilleurs
collaborateurs. Que l'ordre succède au désordre, la

vertu au crime, la vie à la dissolution, écrit le ministre Bernadotte aux administrations centrales. La
République vous appelle à l'honneur d'organiser
sa défense militaire dans les pays où les soldats sont
citoyens, et les magistrats guerriers.

« Le député H. Declercq nous apprend que Boissy
» d'Anglas est sinon l'auteur, du moins le rapporteur
» de la constitution de l'an 3, qui nous régit mainte-
» nant, et qui a préparé tous les maux dont la France
» gémit. La feuille du journal des Oppresseurs de tous
» les Temps, du décadi 5o fructidor, septième année,
» page 51, soutient que Syèyes parloit alors avec
» mépris de cette constitution, l'appelant, en dérision,
» la *ba*, *be*, *bi*, *bo*, *bu*, dans l'accent de Boissy d'An-
» glas ; que Boullay (de la Meurthe), n'aguère
» notre honorable président, mit tout son zèle, après
» le 18 fructidor, à la renverser, ... à proposer, à
» soutenir la suspension des élections par le peuple;....
» à prolonger, par un coup d'état, dont il est bouffi,
» et par un autre, 22 floréal, les pouvoirs des repré-
» sentans, de deux ans en deux ans, et ceux du di-
» rectoire, de cinq ans; que Boulay, au nom d'un
» grand nombre de députés, assemblés au pavillon
» de Flore, alla, comme orateur de la députation,
» proposer à l'acceptation du directoire, lequel, plus
» pudique ou plus patriote alors, recula d'horreur
» devant l'exorde liberticide de ce bourreau de la
» constitution, de cet oppresseur déhonté des *droits*
» de ses concitoyens.

» Trop long-temps le peuple a été la dupe de ces
» astucieux Catilina. Je leur arrache le masque, dit
» Declercq; je ne leur prête point des intentions; je

» cite des faits, au nom du salut de la République,
» pour l'instruction des moins clairvoyans que l'hy-
» pocrisie peut égarer encore; je les provoque même
» à une explication aussi franche que l'attaque; et,
» dans ladite feuille, du 3o fructidor, il signe:
» H. DECLERCQ. »

C'est peut-être parce qu'on n'a pas adopté le plan,
rédigé par Syèyes, qu'il se moquoit de la constitution
de l'an 3; et certes, il n'en eût jamais pu faire une si
mauvaise que celle des Boissy-d'Anglas, des Boulay
(de la Meurthe), des Baudin, etc. etc. On assure
qu'il vouloit établir un jury national qui, demeu--
rant à cent lieues de Paris, prononceroit sur le
danger de la patrie, dans le cas où le directoire
et les conseils se seroient écartés de la constitution. Ce moyen simple, qu'il ne faut pas manquer à l'avenir, sauveroit la République, parce que
quiconque, dans les premières autorités, torture,
enfreint et viole la loi, se met, *ipso facto*, hors de la
loi qui est l'égide national : d'ailleurs, pour bien gouverner, il ne faut pas plus d'un député par chaque
département, et un remplaçant en cas de maladie de
celui-ci, toujours amovibles annuellement, aussitôt
les nominations électorales dans le temps fixé.

Il ne faut pas qu'aucune autorité puisse se placer
impunément au-dessus de la constitution ; il ne faut
pas aussi que la constitution soit assujétie à l'inter-
prétation de ceux qu'elle installe à son exécution,
faute d'avoir prévu et motivé les punitions dues aux
traîtres de la patrie ; il ne faut pas qu'elle soit jamais
exposée au péril imminent, comme elle l'est aujour-
d'hui et depuis trop long-temps : il ne faut pas que

le peuple soit arbitrairement et sans cesse dévoré par la misère, par les guerres, la famine, la pénurie d'argent, l'extorsion, l'injustice ; mais il faut que le pouvoir exécutif, qui n'est qu'une autorité secondaire, soit réprimé et contenu. Toute constitution législative seroit souverainement pestilentielle, qui gêneroit la liberté de parler, d'agir, de penser, d'écrire, de publier son opinion, de fraterniser, de s'assembler, de communiquer ses avis, de jouir de ses propriétés, de ses talens, de ses vertus, de ses facultés physiques et morales qui font le profit de la société générale et le seul bonheur de la vie sur la terre.

Il faut, au contraire, que tous les corps, que toutes les administrations soient responsables de leur gestion, et rendent compte à la grande NATION, *singulis annis*, en sortant de place, par la voie de l'imprimerie, pour qu'il soit rendu, par elle, justice et honneur à qui l'aura mérité sans exception ; car c'en est déja un, qui n'est pas équivoque, d'avoir été nommé et préjugé capable de la servir. L'inviolabilité est autant inadmissible dans un gouvernement, que l'infaillibilité. Nul homme ne peut se dire représentant du peuple, ni d'une nation qui comprend trente millions d'ames, mais seulement député de tel et tel département.

Tous les auteurs, tous les savans, quoique non invités, s'ils sont vraiment patriotes ou sincères républicains inclinés au bonheur du genre humain, doivent se croire appelés à préparer les germes d'une bonne constitution, à esquisser des lois équitables, à dresser des codes de jurisprudence dans les matières qui leur sont propres. Nous avons bien des coutumiers sujets à mille interprétations

interprétations fantastiques : il en faut pour le degré d'affinité, pour l'hérédité par succession, par les partages, par legs testamentaires; il en faut pour les peines dues aux divers crimes prouvés ; il en faut pour le civil, pour le moral, pour le domaine national qui se perd chaque jour, pour le droit public, pour le droit naturel, pour les finances, pour la marine, pour le commerce, pour les colonies, pour la politique, pour les forêts, etc. Une constitution si resserrée, si prévoyante qu'elle pût être en quarante ou cinquante titres, ne pourroit tout contenir; et, des dix milles lois rendues depuis dix ans, fort peu peuvent subsister et s'adapter à un bon régime.

En donnant au public, pour son salut, l'aspect actuel de la France dans ses parties, nous facilitons sans doute l'ébauche d'une infiniment meilleure constitution qu'il s'agit de faire promptement pour la tirer du péril extrême où l'ineptie et les trahisons l'ont plongée. Quoique la *constitution française* ne soit ici que préparée, il est facile de l'achever et de la consolider, indépendamment de toute autre existante ou à naître, puisqu'elle doit faire corps à part et séparé de tous les autres.

E

ASPECT

DE

LA FRANCE.

NOMENCLATURE

DES

QUARANTE COLONNES FONDAMENTALES

DE LA FRANCE;

Avec des notes succinctes, de toutes ses Branches, premières, secondes, tertiaires, au nombre de plus d'un million de diverses Corporations qui sont à gouverner, dans ses cent Départemens, divisés par districts et cantons, ses villes, bourgs et villages, appelés communes ou municipalités, de près de cinquante mille, qui font estimer sa population de plus de trente millions d'ames ; puis l'aperçu de toutes ses branches de division, qui font la masse nationale.

SECONDE PARTIE.

Nomenclature des quarante Colonnes de la France. — Notes intéressantes sous chacune de ces Colonnes qui sont à gouverner. — Cent Départemens faisant masse de trente millions d'ames, qui n'ont point de gouvernement depuis dix ans. — Conclusion et avis par-tout répandus de ce qui est à faire pour le salut de la patrie.

La République française date sa constitution du 21 septembre 1792.

Chaque département n'a en direction que l'étendue

E 2

de son territoire, à moins qu'une quatrième constitution n'amène une autre division et un nouvel ordre de choses, tant dans l'intérieur qu'à
l'extérieur.

Par la trahison , les républiques ses alliées, *Ro-
maine , Cisalpine , Napolitaine , Ligurienne ,
Toscane , Helvétienne* , sont près d'échapper en
Italie à la grande république française , ainsi que
le *Piémont* , si la victoire ne rentre dans les camps
des Français , avec la justice pour punir les principaux traîtres.

NOTES SUR LES QUARANTE COLONNES FONDAMENTALES DE LA FRANCE.

POPULATION.

I.

PLUS la population devient nombreuse par de
bonnes lois et la sagesse du régime, plus s'accroît
la force d'un Etat républicain. L'Ecriture-Sainte qui
nous enseigne les causes de la décadence des plus
anciens empires, dit que , *Le petit nombre du
peuple fait la honte de celui ou de ceux qui le gouvernent.* Cette phrase seule explique plus que tous
les livres que nous avons sur la *Politique mon-
daine.*

Sentences tirées de l'Ecriture-Sainte.

Tels sont les gouvernemens , tels sont toujours les peuples;
Tel qu'est l'ordonnateur , tels ses ministr'aveugles.

Tel le gubernateur, tels sont les habitans :
Les bourgs et les cités peuplent par les prudens.

On ne connoît beaucoup , que par l'expérience:
Tel éprouve souvent , qui trouve la prudence.

Le prince expert fait tout avec un bon conseil ,
Et reprend sa vigueur à la fin du sommeil.

Causent cent mille maux , cent mille doléances ,
Les chefs invigilans , qui n'ont ni sens ni sciences.

Tous ses peuples perdra , le chef trop peu sensé ;
A d'autres nations l'Etat sera passé. *Id est , transféré.*

Prophétie souvent accomplie depuis l'origine du monde.

Le chef qui régit bien grand nombre de provinces ,
Devient fort et puissant : la honte pour les princes
Est dans le moindre peuple et dans sa pauvreté.

Ici Dieu conseille les peuples par le sage , sur les conseils pervers, et dit :

Les ministres souvent ne conseillent qu'eux-mêmes ,
Dans leurs avis trompeurs, ils suivent les systèmes.

Et les desseins couverts de leurs secrets complots.
Défiez-vous donc bien de ces perfides sots.

Qui préfèrent toujours leurs intérêts aux maîtres.
Gardez-vous prudemment de ces conseillers traîtres ,

Et ne vous laissez pas follement dominer.
Ne croyez pas leurs dits pour savoir bien juger :

Autrement vous n'auriez que méchans pour ministres ,
Qui perdroient l'Etat , par des décrets sinistres.

Dans le même sens , répété d'énergiques manières, en beaucoup d'endroits.

Le conseil des méchans n'est qu'une solitude.
Un seul homme de sens accroît la multitude.

Les petits et les grands, il juge justement ,
Et durable devient son bon gouvernement.

Ne vous fiez jamais au ministre ennemi ,
Comme la rouille au fer , le mal revient en lui.

E 5

Ne vous fiez jamais au ministre trompeur ,
sept replis de malice , id est ,
Sept démons très-méchans sont au fond de son cœur.

Autre sens rapproché.

N'attendez aucun bien de qui s'applique au mal ;
Vous domteriez plutôt un féroce animal.

Suit le Texte sacré de l'Ecriture-Sainte.

Secundum principem populi , sic et ministri ejus :
Et qualis est rector civitatis , talés et inhabitantes in eâ. Eccl. c. 10.
V. 22.

Et civitates inhabitabuntur per sensum potentium. 10.—3.

Qui non est expertus pauca recognoscit, qui autem in multis factus
est , multiplicat *malitiam.* (Ce mot par l'interprète le Maître de Saci
et autres ; est pris pour *découverte.*) Eccl. 34. — 10. Ubi non est
gubernator, populus corruet. Salus autem ubi multa consilia sunt.
Prov. 11 , 14 , 24.— 6.

Astutus rex omnia agit cum consilio. Prov. c. 13. — 16. Qui agunt
omnia cum consilio , reguntur sapientiâ. Id. 13.— 10.

Dux indigens prudentiâ multos opprimat per calumniam. Prov. 28.
— 26.

Leo rugiens et ursus esuriens, princeps impius super populum pau-
perem. c. 28. — 15. Ubi consilia multa , ibi regis et reipublicæ salus.
Est solertia certa , et ipsa iniqua. Eccl. c. 19. — 22.

Rex insipiens perdet populum suum. Eccl. c. 10.—3.

Regnum à gente in gentem transfertur, propter injustitias et
injurias et contumelias et diversos dolos, 10. —8. et Daniel, 4.—4.
Parce que la religion , la morale , la police chrétienne , les lois de
Dieu , la justice , les vertus théologales et cardinales sont au-
jourd'hui méconnues , et que tous les vices triomphent.
Attendite , nationes.

Acceptus est regi minister intelligens : iracundiam ejus inutilis
sustinebit. Prov. c. 14.—35.

Le ministre éclairé du roi sera chéri ;
Mais qui le sert mal , bientôt sera puni.

Rapinæ impiorum detrahent eos , quia noluerunt facere judicium Prov. 24. — 7.

> La perte des méchans viendra de leurs folies ,
> Et tel sera le sort des ministres impies.

In multitudine populi dignitas regis , et in paucitate plebis ignominia principis. 14. — 28. Rex justus erigit terram. 29.—4.

Omnis consiliarius prodit consilium , sed est consiliarius in semet-ipso. Eccl. 5. — 8. et 91. A consiliario serva animam tuam. Priùs, scito quæ sit illius necessitas , et ipse enim animo suo cogitabit. Attende à pestifero , fabricat enim mala. 18. — 35.

Suivant ces avis , les yeux de l'ame des chefs doivent être ouverts et en garde contre les *ministres* qu'ils nomment , pour ne pas laisser fouler ni périr les peuples qui sont confiés à leur administra-tion , parce que le mal se faisant toujours au nom de leurs lois interprétées à rebours , ils auront à répondre de leurs injustices , par le choix qu'ils ont fait d'eux.

Nec servum dominari principibus. Prov. 19. — 10.

Princeps qui libenter audit verba mendacia , omnes ministros habet impios. 29. — 13.

Cum fatuis consilium non habeas : non enim potuerunt diligere , nisi quæ eis placent. Eccl. 8. — 20. Consiliarius sit tibi unus de mille. 5. — 6. Et cum sapientibus et prudentibus tracta. 9. — 21.

Non credas inimico tuo in æternum : sicut enim æramentum æruginat nequitiæ illius. Eccl. 12. — 10.

Nec credideris ei , quoniam septem nequitiæ sunt in corde illius Prov. 26. — 25.

Non ei benè qui assiduus est in malis. Eccl. 12. — 3.

Ces avis sententieux et prophétiques du sage , sur les grands prin-cipes du gouvernement , sur la formation de bons conseils pour *les finances , le domaine , l'agriculture , la marine , le com-merce , la politique , les relations étrangères , et ce qui fait le bien ou le mal d'un Etat , sont à considérer comme venant de Dieu même.* L'expérience d'ailleurs les confirme dans tous les temps. On n'en sera pas quitte de les avoir ignorés , lorsqu'on devoit les rechercher pour les méditer. Il y en a beaucoup d'autres qui ont rapport à la morale , à la religion et à l'administration générale des Empires , dans les livres sapientiaux des rois , des juges , des prophètes et des paralypomènes. Il seroit digne des

E 4

grands poëtes de les extraire , et de les traduire à côté du texte latin en vers français. Ce travail seroit incomparablement plus utile aux gouvernemens et aux peuples , que des poëmes empoulés et boursouflés de fadaises antiques et fabuleuses , et des pièces nouvelles à tiroir. J. B. Rousseau le poëte , et la demoiselle Chéron ont mis en vers de la plus grande beauté, des pseaumes de David , notamment *Cœli enarrant.* Voltaire, dans son bel âge, tenta de traduire le cantique des cantiques ; mais l'impie semble rapporter à l'amour charnel les tendresses de l'époux et de l'épouse , qui ne sont autres que Jésus-Christ et son église d'avance prophétisés , sans se douter du langage mystique et tout divin , que des expressions simples figurent , ni se souvenir du proverbe *qu'il ne faut pas semer des perles devant les pourceaux.*

RELIGION.

I I.

ELLE doit être enseignée au peuple en tout temps dans ses temples. Il n'est point d'Etat dans l'univers qui n'en ait une dominante , reçue par la majorité de ses habitans. Beaucoup d'Etats de l'Europe ont même toléré toutes les sectes, tous les cultes étrangers , pour augmenter leur population. En Europe , *la religion catholique* a été le plus communément adoptée dans la France , l'Allemagne, l'Espagne , le Portugal , l'Italie , le Piémont, Naples , Venise , etc. , après la plus grande partie de l'Asie.

C'est donc un des plus grands désastres de la révolution de 1789, d'avoir pillé, détruit, fermé les Temples. La vigilance des gouvernemens doit empêcher les conflits naissans entre les partis révolutionnaires, toujours funestes aux Etats. Aucun ne doit nuire ni à la religion, ni au culte , ni aux Temples. Quelque différentes que soient les religions , toutes doivent se rapporter à la reconnoissance , à l'adoration du Souverain Créateur de toutes choses, dont on ne peut nier l'existence. Il faudroit être brute comme la matiére inanimée de la pierre, que de se croire , avec le matérialiste Epicure, né d'elle , et finir comme elle, ayant une ame intellectuelle, émanée du souffle divin.

La religion catholique est si excellente et si sublime, qu'elle fait toute seule la saine police des Etats qui la professent , et donne la plus parfaite morale. Ainsi :

M O R A L E.

I I I.

L A morale qui découle et de la loi naturelle et de la religion catholique , enseigne les bonnes

---

(1) Voltaire revenu à son bon sens , après avoir déchiffré des manuscrits rares de l'Orient , que sa curiosité et que son opulence lui avoient permis d'acquérir , car jusqu'alors , sans persécuter ouvertement le christianisme qu'il ne connoissoit pas dans son fond , avoit laissé croire à quelques auteurs qu'il n'avoit et n'adoptoit aucune religion , rapporte dans ses œuvres, *tome* 41 ,

Que *Confucius* , sage législateur de l'Orient , six cents ans avant notre ère vulgaire, donnoit pour maximes : « Réglez un » Etat comme vous réglez une famille. On ne peut bien gou-» verner une famille qu'en lui donnant l'exemple.

» La vertu doit être commune au laboureur et au monarque.

» Occupe-toi du soin de prévenir les crimes, pour diminuer le » soin de les punir.

» Sous les bons rois chinois *Yao* et *Xu* , les peuples furent bons ; » sous les mauvais *Kic* et *Chu* , ils furent méchans. » Ce qui est mœurs, et dicte à chaque individu la conduite qu'il doit tenir pour son salut dans le cours de sa vie. Règles certaines pour les Etats : *Point de reli-*

---

conforme aux proverbes de Salomon et aux sentences rapportées de l'Ecclésiaste.

Loi Naturelle.

« Fais à autrui comme à toi-même.

» Aime les hommes en général ; Idem. mais chéris les gens de » bien.

» Oublie les injures et jamais les bienfaits. Idem.

» J'ai vu des hommes incapables de sciences , je n'en ai point vu » incapables de vertus. »

Nul législateur, ajoute Voltaire, n'a encore annoncé des vérités plus utiles au genre humain.

Il n'avoit donc pas alors lu ni voulu voir l'Ecriture-Sainte, tant de l'ancien Testament que du nouveau , cent millions de fois au-dessus de tout cela sur tous points de morale. Par là il a consumé sa longue vie en choses futiles , en pure diction , en histoires, en romans, en poésies où il a excellé à force d'application et de travail. Mais combien plus se fût-il élevé , s'il eût étudié la morale, les mystères de la Divinité, pour les louer! Quel autre homme d'Etat, pour la patrie, fût devenu cet homme que nous avons connu long-temps !

Passant aux antiques Grecs , il nous apprend que dans la prière de l'ancien Orphée, récitée par l'Hiérophante , dans les anciens mystères des Grecs, il est dit, parlant de l'Eternel :

« Marchez dans la voie de la justice, adorez le seul Maître de » l'univers. Il est un. Il est seul par lui-même. Tous les êtres lui » doivent leur existence. Il agit dans eux et par eux. Il voit tout , » il n'a jamais été vu des yeux mortels. »

Autre Hymne du même Hyérophante.

« Homme , contemple la nature divine , illumine ton esprit, » gouverne ton cœur , marche dans la voie de la justice. Que le Dieu » du ciel et de la terre soit toujours présent à tes yeux. Il est unique, » il existe seul par lui-même ; tous les êtres reçoivent de lui leur » existence, il les soutient tous ; il n'a jamais été vu des mortels, » et il voit toutes choses. »

gion sans mœurs : point de mœurs sans religion.
Et l'Etat qui n'en professeroit aucune, tiendroit dans
l'univers le dernier rang parmi les nations civili-

Autre du philosophe Maxime Madaure , payen du quatrième
siècle.

« Quel homme est assez grossier , assez stupide pour douter qu'il
» soit un Dieu suprême , éternel , infini , qui n'a rien engendré de
» semblable à lui-même , et qui est le père commun de toutes
» choses. »

Belle Maxime d'Epictete.

« DIEU , (ce nom chez les Grecs est *Zeus , Demiourgos ,*) Dieu
» m'a créé , dit-il , Dieu est au-dedans de moi ; je le porte par-tout.
» Pourrois-je le souiller par des pensées obscènes , par des actions
» injustes , par d'infâmes desirs ? Mon devoir est de remercier Dieu
» de tout , et de ne cesser de le bénir qu'en cessant de vivre. »
Que nous sommes , en notre siècle , loin de la morale de ce payen.

Formule de prières que les Romains récitoient aux mystères d'Isis.

« Les puissances célestes te servent , les enfers te sont soumis ;
» l'univers tourne sous ta main ; tes pieds foulent le Tartare ; les
» astres répondent à ta voix , les saisons reviennent à tes ordres ;
» les élémens t'obéissent. »

Samnonordon donne pour règles aux Talapoins Siamois.

« Fuyez les chants , les danses , les assemblées , tout ce qui peut
» amollir l'ame.
» N'ayez ni or ni argent.
» Ne parlez que de justice , et ne travaillez que pour elle.
» Dormez peu , mangez peu ; n'ayez qu'un habit.
» Ne raillez jamais.
» Méditez en secret , et réfléchissez souvent sur la fragilité des
» choses humaines. »

sées. Si les mœurs se dépravent, plus de république. On ne peut réfréner la cupidité de mal faire.

Zoroastre enseigne :

« Dans le doute qu'une action est bonne ou mauvaise, abstiens-
» toi de la faire. »

D'après tout cela, Voltaire croit bonne la religion chrétienne,
qu'il dit *nôtre.*

Celui qui pense que Dieu a daigné mettre un rapport entre lui
et les hommes, qu'il les a faits libres, capables du bien et du
mal, et qu'il leur a donné à tous ce bon sens, qui est l'instinct de
l'homme et sur lequel est fondé la loi naturelle, celui-là, sans
doute, a une religion, et une religion beaucoup meilleure que
celle de toutes les sectes qui sont hors de *notre Eglise*, car toutes
les sectes, au nombre de plus de six cents, sont fausses. Mais la
loi naturelle est vraie. *Notre religion révélée* (je doute qu'il l'ait
lue à moitié dans l'Evangile et les Actes des Apôtres, infiniment
au-dessus de la loi naturelle,) n'est même et ne pouvoit être que
cette loi naturelle perfectionnée. Ainsi, conclut-il, le théisme est
le bon sens qui n'est pas encore instruit de la révélation ; et les
autres religions sont le bon sens perverti par la superstition. Quel
foible raisonnement! Sur cette matière Voltaire n'etoit pas docteur.

Toutes les sectes différentes viennent des hommes. *Oui, et c'est
pour cela qu'elles ne peuvent se soutenir.*

La morale est par-tout la même, parce qu'elle vient de Dieu,
*et plutôt encore, parce qu'elle est appuyée de la religion révélée
qui la perfectionne.*

Le persécuteur des opinions est aussi insensé qu'il est horrible
dans sa conduite. Le théiste est celui qui adore et sert Dieu, il dit au
Turc, au Chinois, à l'Indien et au Russe, je vous aime.

*Si Voltaire affectoit le théisme, il ne pouvoit pas être réputé
impie ; mais il ne servoit point la patrie, tout se rapportoit à
lui seul ; donc, il n'étoit pas patriote, et n'étoit qu'égoïste. Que
d'inutiles fatras pour le genre humain dans ses 72 volumes in-8º ! On
ne voit là qu'un écrivain, qu'un poëte, mais non le grand homme :*

Bientôt les cités deviennent des cavernes de larons et de brigands.

---

car le grand homme est celui qui fait éminemment le bien de sa patrie.

Le citoyen Lemercier, membre de l'Institut, vient de publier l'article suivant.

Je hais les idoles. La plus incontestable preuve de l'entière dépravation de nos mœurs, c'est d'avoir porté en pompe, au Panthéon, ce Voltaire, ce poëte corrupteur, qui a passé toute sa vie à railler les vertus pudiques et les idées solennelles. Quand le règne des mœurs renaîtra, c'est dans toute la majesté de la République qu'il sera dépanthéonisé.

Cet oracle est plus sûr que celui de Calchas.

> (Propagateur du premier décadi de vendémiaire, an 8, signé, *Reicrem*, au-dessous d'une autre note sur Montesquieu.)

POLICE.

IV.

LA police s'étend sur toutes les branches du gouvernement quel qu'il soit, et a plus de vingt ou trente divisions. Celle d'aujourd'hui, qui ne met ni taux, ni réglement sur les subsistances, est absolument nulle dans le plus grand nombre de ses parties, et ce qu'elle coûte est perdu pour l'Etat. Un volume ne suffiroit pas pour lui montrer ses devoirs et expliquer ses vices. Elle n'a pas la moindre organisation qu'elle puisse faire marcher invariablement sans tâtonner. Les vices de la police ancienne sont trop bien connus, pour qu'il soit besoin de les expliquer. *Salubrité, netteté, commo-*

dité, *sûreté personnelle*, *reverbères de nuit*, *guet et garde* lui étoient recommandés, dès son établissement, d'exercer en tout temps. En négligeant les apports et approvisionnemens de toutes choses de la capitale, qui ne la regardoient pas, mais seulement le prévôt des marchands, elle s'empara de ce qui appartenoit encore aux lieutenans civils et criminels du Châtelet, pour avoir l'air de tout faire en ne faisant que du mal à la société. Elle se fit attribuer la librairie, les spectacles, les hôpitaux, les incendies, les chambres garnies, le pavement de la ville et de ses faubourgs, les loteries, les maîtrises et jurandes, les rixes, les mœurs, les jeux de berlan et de biribi, la correction, ou plutôt l'incorrection des femmes publiques et gens de mauvaise vie, dont cette police, sans pudeur, retiroit des sommes considérables en nature d'impôts, ainsi que sur les boues, les lanternes, les filouteries, les joueurs, les escamoteurs, les appareilleuses de débauches et de prostitutions, les lettres-de-cachet. *Voyez* la Police dévoilée par Manuël. Toutes ces parties étoient plus ou moins mal exercées, selon l'intérêt qu'y prenoit la police des Sartine et des Lenoir. L'écriture dans ses Proverbes 11--22, *Circulus aureus in naribus suis mulier pulchra et fatua*, la définit ainsi :

> Femme folle et belle, est tout comme un anneau d'or
> Au nez d'une truie ; qui bien ressemble encor
> A la truie parée, cherchant toujours la boue :
> La police s'y plaît, elle s'y vautre, elle s'y joue :
> La perfide salope, inspirée des démons,
> Mère des plus grands maux, enfante des cochons.

POLITIQUE.

V.

La politique d'État ne devroit jamais exister que pour le bien général du peuple; mais les potentats qui gouvernent, ne visant qu'à augmenter leur faste sans mesure, qu'à enrichir leurs favorites, leurs ministres , leurs courtisans et leurs adulateurs, écrasent, ruinent et dépouillent les citoyens, soit par des actes injustes et tyranniques, soit par des impôts excessifs qui n'ont presque toujours d'autre règle, d'autre loi que leur volonté ou leur cupidité : de là naissent bientôt les murmures, les alarmes, avant-coureurs des séditions et des révolutions ; enfin, quand les disettes et les famines générales se font sentir, alors le peuple esclave brise ses chaînes, punit ses gouvernans, et reprend sa liberté première et sa souveraineté, s'il sait s'unir en masse pour faire la loi à ceux qui se croyoient et se disoient ses maîtres; c'est ce que nous venons de voir.

La politique des cours n'est presque jamais sincère. Tous les traités, dans leurs termes, sont équivoques, sujets à diverses interprétations, qui font renaître les hostilités entre les puissances, qui, après avoir traité, n'exécutent pas fidélement les conditions arrêtées dans ces diplômes. De part ou d'autre, la mauvaise foi ranime la discorde et la désunion sur les partages, les cessions, les limites, le prétendu *statu quo*, et mille autres mésintelligences dont les nations sont seules la dupe.

Sous une autre acception, un diplomate, un politique , du côté de la religion , est un tartuffe , un hypocrite que le comte Oxentirn définit en ces termes : *Politicus est animal rationale bipes ita serviens DEO , ut non offendat diabolum.* Servant Dieu , dit-il , de manière à ne pas désobliger le diable ; et le texte sacré de l'Ecriture. Eccl. c. 37 , v. 18, dit aussi : *Anima viri sancti enuntiat aliquando vera , quàm septem circumspectores sedentes in excelso ad speculandum :* ce qu'on peut traduire ainsi:

> Un seul homme de bien découvre souvent mieux
> Le desseins, les forfaits , les complots dangereux ,
> Formés et préparés contre les Républiques ,
> Que sept grands ministraux prétendus politiques.
> Quelquefois un homme , pour son propre malheur ,
> En domine un autre, qui montre plus de cœur :
> Desirent les méchans se joindre aux plus perfides ;
> Mais certes, Dieu perdra ceux qui sont homicides , etc. etc.

Interdùm dominatur homo homini in malum suum. Eccl. c. 8, v. 9.

Desiderium impii munimentum est pessimorum. Prov. c. 12 , v. 12.

On ne peut qu'approuver , en tout son contenu, la précieuse dissertation que donne l'Ennemi des Oppresseurs de tous les temps, feuille du 21 vendemiaire , an 8, sous les rapports *politique , militaire et moral.*

Savante

Savante et précieuse dissertation, d'un style plein, tout-à-la-fois philosophique, politique, diplomatique, militaire, morale, analogique et commercial, par l'auteur du journal des Ennemis des Oppresseurs de tous les temps, F. du 21 vendémiaire, an huitième.

On a beaucoup répété que la France révolutionnaire avoit triomphé de l'Europe armée contr'elle. Ces exagérations oratoires sont excusables dans un mouvement d'enthousiasme, ou lorsqu'elles sont inspirées par l'humeur et l'indignation que peuvent donner des exagérations opposées et familières aux ennemis de la révolution, détracteurs passionnés du peuple, qui l'a voulue et eut la constance de l'accomplir. Mais revenant aujourd'hui à des expressions plus exactes, nous dirons seulement, et ce sera bien assez pour notre gloire, que, dans les diverses parties de l'Europe où le grand intérêt de la liberté nous commanda de porter nos armes, les peuples mêmes nous aidèrent à renverser des gouvernemens dont ils étoient las.

D'autres exagérateurs, plus mal-adroits encore, ont cru que ce seroit nous présenter à l'administration universelle sous le jour le plus honorable, que de nous supposer *enrichis des dépouilles de l'univers et des tributs des nations vaincues.* Il n'est heureusement pas vrai que nous ayons *dépouillé l'univers;* ç'est déja trop peut-être d'avoir dépouillé quelques Muséums, consommé ou gaspillé tant de denrées et vidé un très-grand nombre de coffres forts, ce

F

qui au surplus, ne nous a rendu que plus pauvres, et n'a enrichi que des brigands qui n'appartiennent à aucune société ; et quant aux *nations vaincues*, redisons encore que ce langage superbe et ridicule est repoussé par les événemens comme par nos principes. Nous n'avons ni vaincu, ni voulu vaincre, ni sur-tout attaquer les nations. Nous les voulûmes aider à disperser les satellites de leurs maîtres, pour redevenir libres.

C'est sur-tout là ce que les amis éclairés et sincères de la révolution, desiroient et jugeoient facile d'exécuter en Italie. Nos ex-directeurs ont trahi le vœu des peuples en s'y opposant. Leurs motifs de s'y opposer, et les moyens qu'ils employèrent, les font exécrer aujourd'hui, et assurent à leur mémoire une immortalité de honte.

On demande si cela est irréparable, et s'il est de l'intérêt actuel de la France de reprendre la glorieuse entreprise que leur impéritie et leurs crimes ont fait échouer.

Jetons ici quelques idées rapides, qui pourroient en faire naître de mieux mûries et plus décisives sur cette intéressante question, considérée sous les trois rapports, militaire, politique et moral.

La seule inspection de la carte montre assez que la République française, appuyée et préservée à l'ouest, au sud-ouest, au sud et au nord, et par les deux mers, par l'Espagne son alliée nécessaire, et par le Rhin, couvrant son flanc oriental, et tout le côté du sud-est par la Suisse et par l'Italie, n'auroit plus guère à se défendre que vers le nord, et rendroit sur-tout facilement impossible désormais l'invasion de son territoire ou de ses frontières, de la part de ces peuplades à demi barbares encore, toujours prêtes à venir reporter au midi de l'Europe, la désolation dont plusieurs siècles écoulés n'y ont pas entièrement réparé les ravages et effacé les traces.

Maintenant que ces hordes septentrionales ne sont plus destinées, comme autrefois, à se répandre dans les déserts de la Chersonnèse, ou vers la mer Caspienne, et que, marchant sous un nouvel *Attila*, dont elles ont trop servi les fureurs, on les a vues traverser en brigands heureux, des contrées civilisées, oser même menacer d'envahissement le séjour de la philosophie et des arts, on doit, plus que jamais, sentir combien il est nécessaire que les trois grands peuples du midi de l'Europe se réunissent pour faire de la masse de leurs forces, une digue puissante qui contienne à jamais dans ses limites ce torrent dévastateur, qu'il faut avant tout refouler vers sa source.

Or, l'Italie, qui gémit encore sous le triple despotisme des *Autrichiens*, *des Russes et des Turcs*, ne peut avoir en ce moment cette force de volonté, cette unité de vues, cette plénitude de liberté d'agir, nécessaires pour en triompher; et l'on pourroit craindre que le séjour prolongé de ses oppresseurs n'y ramenât graduellement l'ignorance, brisât le ressort des ames, ne rendît plus irrémédiable de jour en jour le découragement des cœurs, l'engourdissement des vertus guerrières, et l'épuisement financier. Et puisque c'est par notre fait qu'elle se trouve frappée de tous ces fléaux, c'est pour nous un devoir de contribuer à l'en délivrer. Nous en recueillerons le fruit en nous sauvant définitivement nous-mêmes. Il devient instant d'arracher à la soldatesque des princes coalisés, un pays long-temps pressuré, mais toujours fertile, assez abondant encore pour alimenter une partie de nos armées, puissant par des ressources sans nombre, qu'il ne s'agit que de mettre en œuvre, facile à garder si nous y vivons en frères, fort par ses positions militaires, et propre à fournir des légions formidables, lorsqu'un général républicain les invitera à se lever pour l'indépendance italienne.

L'Italie rendue à elle-même par nos communs efforts, devenue véritablement libre sous la protection et le premier appui de nos armes toujours unies aux siennes, nous assurera le commerce de la Méditerranée, et le Neptune britannique, voyant se briser ainsi l'une des plus précieuses dents de son sceptre, s'irritera, mais en vain, des bornes que la République française commencera de mettre à son Empire, qu'on ne tardera pas à circonscrire dans son enceinte véritable.

Les considérations politiques, qui, dans la question actuelle, se rattachent étroitement aux idées éventuelles de guerre que nous venons d'exposer, militent plus fortement encore pour déterminer la République française à vouloir la liberté de l'Italie.

Du moment où ce qu'on appeloit la balance politique de l'Europe, fut ouvertement enfreinte et insolemment brisée, l'agrandissement des trois puissances du Nord aux dépens de la Pologne entière, les puissances du Midi durent penser qu'elles ne la pouvoient rétablir qu'en se procurant des acquisitions nouvelles , et si l'équilibre toujours invoqué n'eût pas été un badinage machiavélique, un simple protocole dans l'idiôme des négociateurs, un des prétextes les plus vains de la diplomatie européenne, les co-partageans, pour la conservation même de ce système tutélaire , n'eussent-ils pas voulu ménager et proposer eux-mêmes des indemnités à leurs confrères du Midi ? Or, si l'Italie tomboit un jour au pouvoir de l'une des plus puissantes couronnes du Nord , cet équilibre déja si dérangé , seroit irrévocablement rompu au grand préjudice de la République française et de tout le midi de l'Europe. L'Italie, au lieu d'être alors relativement à la France , ce que long-temps elle fut , un Etat nul par son morcellement , les divisions de ses gouvernans et son inertie militaire, au lieu de pouvoir fournir à la France des alliés de quelque poids dans les rois de Sardaigne et de Naples, ne seroit plus qu'une seule et vaste mine par-tout féconde , exploitée par ses ennemis les plus irréconciliables et les plus forts , un point assuré de rassemblement d'où ils pourroient , en tous les temps comme aujourd'hui , envoyer contre nous des armées dont les opérations se combineroient avec celles d'une autre armée qui s'avanceroit par l'Allemagne , etc.

Mais , outre que l'état actuel de l'Europe exige que la France ne laisse s'établir en Italie aucune grande puissance étrangère , n'est-il pas d'un intérêt essentiel et fondamental pour la consistance et la durée de la République française , que les peuples qui l'avoisinent et la touchent, adoptent, comme elle , les seuls principes de gouvernement qu'elle puisse sincèrement approuver , et deviennent par là ses alliés réels et inséparables ?

Cette considération n'acquiert-elle pas un degré nouveau de justesse et d'importance , par la guerre d'opinion que la coalition nous fait si manifestement, et ne cessera de nous faire. Ne seroit-ce pas s'aveugler à plaisir, que de croire, en dépit de la double évidence des raisonnemens et des faits , que cette guerre puisse jamais être abandonnée de sa part, ou même réellement suspendue ?

Or , l'Italie n'est pas seulement le pays que, par sa position géographique, il est le plus important , le plus nécessaire pour nous, de voir se constituer en République , c'est encore celui où l'analogie des mœurs et du caractère, la connoissance de nos principes et de nos lois, et encore les vexations des autro-russes , qui ont fait oublier celles de quelques indignes français , rendent en ce moment la républicanisation plus facile.

Ces diverses considérations nous paroissent toutes déterminantes ; mais il en est d'une espèce plus entraînantes encore , et tout-à-fait impérieuses pour un peuple, nous ne disons pas généreux , mais simlement ami de la justice; et qui a fondé son gouvernement sur la déclaration des droits. Chez un tel peuple, la morale est avant tout , et ce qu'elle prescrit est de rigueur. Nous avons voulu l'insurrection de l'Italie ; nous l'avons commandée, provoquée et favorisée. Nous avons promis que la liberté en seroit le prix. Nous avons montré ce but au peuple qui ne se fût pas soulevé sans ce grand intérêt. Il a tout sacrifié, tout enduré, tout bravé pour répondre à ce noble appel , et c'est à notre instigation qu'il s'est élancé dans la carrière. Les philosophes les savans, les gens instruits, les simples, des millions d'hommes de toutes les classes , ont donné l'assentiment le plus formel aux vrais principes politiques, qu'il étoit dans la destinée du peuple français de leur rappeller et de les aider à rétablir dans leur patrie ; chaque nouvelle république a formé des légions de braves qui ont versé leur sang , en combattant à côté des nôtres , contre les tyrans et les esclaves. Les Napolitains , les Boulonnois, les Génois, ont montré un courage supérieur aux circonstances mêmes, toutes difficiles et terribles qu'elles fussent. Les Italiens ont donné à la nation française des marques innombrables de dévouement. Quelques irritations partielles ne prenoient point leurs sources dans aucun sentiment de haine contre nous, elles furent le crime de quelques meneurs astucieux qui là, comme ailleurs, abusent la crédulité des hommes les mieux intentionnés ; rien ne peut donc s'opposer à l'accomplissement d'une promesse sacrée et solennelle : on feroit un volume au contraire des motifs qui le sollicitent., etc., etc.

Nous pensons qu'aux yeux de ceux qui jugent la question d'après les principes et les circonstances , il est également de notre intérêt et de notre devoir de républicaniser l'Italie, et que s'il n'y a pas une république italienne, il n'y aura plus de République française.

Jamais discours académique ne m'a paru si intéressant pour la France que celui-ci , ni mieux lié dans ses conséquences. Il n'est point de patriote français qui ne doive chérir l'auteur qui signe *Bonnefoi*, si les hommes n'étoient pas placés par l'intrigue, le sort et le hasard, plutôt que par des talens .équivoques, celui-ci feroit le bonheur de la France, par sa manière de voir et d'écrire en grand, s'il étoit nommé directeur du pouvoir exécutif. Il s'est trop souvent élevé contre l'abus de l'autorité et la tyrannie publique des autres, pour soupçonner jamais qu'il voulût les imiter, ni de près ni de loin.

Le Mercure Britannique, rédigé par un Français, (*Mallet Dupan, si connu,*) dit : « que la France, » par son territoire immense et continu, présente » une surface trop étendue pour subir la honte de » la conquête et de l'asservissement de quelqu'une » de ses parties, et que les Français ont un point » patriotique de contact qui fera toujours échouer » toutes les forces des puissances ennemies. »

Or, l'Italie a aussi un très-grand territoire continu, plusieurs ports, et grand nombre de forteresses, d'un bout à l'autre, il est donc, dans le sens de l'auteur de la dissertation, indispensable de la républicaniser, puisqu'elle offre un second point de contact également formidable dans toutes ses parties, pour repousser ses ennemis, Turcs, Russes, Autrichiens, Anglais et autres.

DIPLOMATIE.

VI.

LA diplomatie qui , a certains égards , a du rapport à la politique , et forme un grand département ministériel d'état , appelé *Relations étrangères* , est essentielle pour les affaires continuelles avec les puissances étrangères. Il consiste principalement dans la mission et la résidence au sein des Etats étrangers , d'ambassadeurs , d'envoyés , de consuls français suffisamment instruits des anciens et nouveaux traités de paix , d'alliance , de commerce , de protection relative et réciproque , d'intérêts balancés et combinés , pour se maintenir en intelligence et union , établir des communications nécessaires et profitables. Sous ce regard , nos ambassadeurs , nos consuls , nos envoyés , soit près des cours , soit dans les places et les ports , doivent examiner attentivement chez les nations ce qui se passe chez elles , comme le font chez nous ceux envoyés par ces mêmes puissances , tant pour en informer le ministre français , que pour lui proposer de nouvelles négociations , débattre les intérêts de relation et de communication , d'après les instructions à eux données par ce ministre , et les intentions du gouvernement auquel il communique les objets à résoudre.

JUSTICE ET JURISPRUDENCE.

VII.

L A justice et les tribunaux de judicature ont des divisions fort étendues dans le nom et les choses mêmes. La destination de la justice ou de l'équité , pour définir en général , est d'être partout *la sauve-garde des propriétés individuelles* de la *vie* , de l'*honneur* , de la *sureté* et de la *liberté* des habitans , soit Français , soit regnicoles , soit étrangers, de quelque endroit de la terre qu'ils viennent.

Justice est une vertu spéciale, en général , une perfection universelle , une vertu cardinale , par laquelle le droit est distribué à chacun. *Justice* , selon Ambroise en son livre des Offices, est celle qui rend à chacun ce qui est sien , et ne s'approprie rien d'autrui. Toutes les vertus se renferment sous son nom , parce qu'elle n'est qu'une perfection universelle de vertus, n'ayant aucune macule d'iniquité.

Augustin dit aussi que les Républiques sont les réceptacles des brigands, si la justice ne règne en icelles.

Rend-on la justice purement , quand pour la prononcer on ne cherche que de nouvelles bluettes, ou de nouvelles étincelles de raison pour asseoir un jugement?

Il manque une grande quantité de bons codes et de digestes absolument nécessaires pour bien rendre la justice distributive dans tous les cas ; et loin que les législateurs, par leurs lois éphémères, versatiles , inconséquentes, inutiles, n'en préparent, elles n'invitent pas même les savans sur ces matières épineuses d'en produire. Avons-nous donc des

conseils, des lois, des corps législatifs, des constitutions propres à gouverner une grande république,
si ces constitutions mêmes ne parlent pas de la
moitié de ce qu'il faut dire et de ce qu'elles ont à
constituer? Non, nos cinq législatures n'en avoient
pas même l'idée, non plus que de beaucoup de
choses exposées dans ce petit ouvrage. Rapportons-
nous-en au public, et laissons-le prononcer.

LE DROIT FRANÇAIS

VIII.

E s t le droit de la nature et des gens, qui
semble une émanation de la *justice;* il a pris son
origine dans les coutumes anciennes des pays, des
cantons même qui les ont adoptées, tant sur les
partages et l'hérédité en ligne directe ou collaté-
rale, que par l'usage des acquêts, des conventions et des transactions, entre des parens ou des
familles étrangères qui se sont fait des lois que le
temps a confirmées.

Cette partie générale de l'Etat s'étend conséquemment sur toutes les possessions que les habitans
actuellement vivans occupent sur le sol de la
France, d'où sont venus les foires et marchés, et
c'est aussi par l'usage et les temps que se sont établis les poids et les mesures si différens par les
localités, choses dont il est difficile de changer les
noms, et de les rendre uniformes, sans blesser, tor-
turer les conventions et les intérêts des individus,
soit des vendeurs ou des acheteurs lors des livraisons.
Jamais les peuples ne voudront s'assujétir aux litres,
mettres, aux myriagrames, centigrames, déci-

grammes , décagrammes , hectogrammes , kilo-grammes ; centiare et déciare sous-divisés de l'are, décare, hectare, kilare, myriare ; centimètre, dé-cimètre, décamètre, hectomètre, kilomètre, myria-mètre ; centilitre, décilitre, décalitre , hectolitre, kilolitre ; stère, demi-stère, décistère doublé pour les fagots et les cotterets. En monnoie, centime ; que cela est utile à la nation , sur-tout aux gens de la campagne , et aux marchands pour débiter, aux acheteurs pour acheter, eux qui ne sont pas nés en Grèce !

L O I S.

IX.

LES lois sont parfaites quand elles con-viennent à tous les citoyens et font leur bonheur. Elles sont indispensables au gouvernement d'un grand peuple , et il en faut de bonnes pour toutes les colonnes de l'Etat, afin de les solidariser, parce qu'elles s'entr'aident l'une par l'autre , aussi bien que toutes les branches tenues en activité : mais il faut se garder de changer les anciennes lois, si l'on n'en a de meilleures à leur substituer ; car les meilleures lois nouvelles, qui resteroient sans exé-cution, seroient tout-à-fait inutiles , et comme non avenues ou inexécutables.

Il n'en faut pas changer comme de modes, il ne faut pas qu'elles soient irréfléchies , éphémères, versatiles , injustes et fantasques. Il faut au con-traire pour un peuple éclairé , civilisé, qu'elles soient claires, précises, incontestables, invariables. Des lois nouvelles de fantaisie deviendroient une calamité gé-nérale, si elles étoient créées dans le délire de la crainte ou l'ivresse des passions. Une loi sage est au corps politique, ce que les eaux pures et limpides sont à la santé des hommes et des animaux. Toutes autres lois contraires à l'organisation, à l'équité, ressembleroient aux eaux saumâtres, scorbutiques et pestilentielles qui ravagent les campagnes et les cités. Il n'est pas permis à des législateurs de conjurer alternativement la famine, la peste, la guerre civile par de sanguinaires lois et de folles constitutions ; cependant, par le divorce autorisé qui appelle déja ces trois fléaux, ils provoquent encore contre l'organisation de la société, au mépris des mœurs et de la religion, l'épidémie nuptiale, et mille autres maux qui en résultent.

Dieu ne dit-il pas, huitième chapitre des Proverbes du Sage : Par moi règnent les rois, et par moi, les conditeurs des lois décrètent et ordonnent les choses justement ! Celles d'aujourd'hui sont plus muables que la lune, il est certain que l'Esprit divin ne préside pas chez elles.

LE POUVOIR EXÉCUTIF.

X.

Sans doute que pour l'exécution des bonnes et mauvaises lois, il faut une autorité pour les faire notifier et exécuter ; et depuis que la révolution l'a fait naître comme une nécessité, cette autorité secondaire, dont, jusqu'à présent, personne n'a été satisfait de sa dénomination luxurieuse, forme une nouvelle colonne de l'Etat, très-mobile, et, par là, très-dangereuse, créée constitutionnellement aussi-bien que les corps législatifs qui, nés de la même source, lui sont adhérens, presque inférieurs et presque dépendans, puisqu'ils n'osent les mettre en jugement sur les plus grandes forfaitures connues aujourd'hui de la nation française, et révélées par les étrangers. O patrie ! dans quel gouffre de malheurs es-tu plongée !

LE LUXE.

XI.

Le luxe, sous l'ancien régime, n'avoit point de bornes en France. Il tire son origine du génie, du goût industrieux de la nation et des modes qu'inventent sans cesse les femmes françaises. Il met à contribution les nations amies et ennemies qui ne peuvent parvenir à se distinguer par la parure et l'élégance, sans excès.

Le luxe a, de tout temps, excité une foule de versions pour et contre lui ; mais il a toujours existé sans pouvoir l'abolir, parce que le bon goût réside chez toutes les nations. Il pourroit ruiner de petits Etats, s'il n'étoit pas modéré. Voltaire, dans la défense du mondain, dit sensément pour accorder les débats des critiques du luxe :

> Sachez que le luxe enrichit
> Un grand d'Etat s'il en perd un petit.

IMPRIMERIE ET LIBRAIRIE.

XII.

L'imprimerie et la librairie, qui tiennent le premier rang dans les arts et dans les sciences, sont pour les institutions, les écoles centrales, les sociétés littéraires, les colléges, les professions diverses, les bibliothèques, les lycées, les instructions publiques, de la plus grande nécessité, et en tout temps, de l'utilité la plus urgente à la jeunesse qui se destine aux sciences et aux arts.

Nous avons souvent parlé en faveur de la liberté de la presse, parce qu'on ne peut la gêner sans affoiblir cette colonne et celle du commerce, dont l'extension est infinie pour la gloire et la richesse de la France républicaine : malheur donc aux autorités qui la comprimeroient sans raison !

FINANCES.

XIII.

Les finances bien administrées et distribuées, selon les besoins, aux branches de l'Etat, l'animent et le vivifient généralement : elles sont aussi corélatives entre elles toutes qu'est l'ame avec le corps; elles le font croître en force et en prospérité à mesure qu'elles reçoivent des finances leur aliment, leur activité et leur accroissement, sans cependant comprimer ni compliquer les ressorts du gouvernement.

Les finances comprennent exclusivement le papier-monnoie émis en circulation, et la fabrication des

monnoies métalliques de cours , en poids , matière,
titre , type, alliages proportionnés , pour être équi-
valens aux monnoies d'usage des autres Etats de
l'Europe.

On ne doit pas manquer, tant que le gouvernement français est allié de l'Espagne, de s'intéresser
avec cette puissance, ainsi que le font d'autres de
l'Europe, dans les extractions des mines d'or du
Mexique et du Pérou , pour entretenir la fabrication
de la monnoie. Depuis plusieurs années, malgré la
guerre avec l'Angleterre , les galions sont heureusement arrivés sans perte d'aucun.

AGRICULTURE.

XIV.

Qui laboure son champ sera rassassié ;
Mais qui veut être oisif se déclare insensé.
En France un laboureur de nos *magnats* à peine
S'estime un peu moins que créature humaine.
Les tributs et les droits , les taxes et les fardeaux
Furent toujours le prix de ses rudes travaux.
Est-il de l'équité que l'homme de charrue,
Sur la fin de ses jours , quête du pain en rue,
Lui qui de ses labeurs à fait vivre l'Etat;
Doit-il vivre plus mal que ne vit un forçat ?

L'agriculture , l'art aratoire ou labourage,
le plus ancien et le plus alimentaire des nations,
embrasse la culture de tout le sol de la République.
Si l'agriculture nourrit seule, plus ou moins abon-
damment, la population entière, selon qué la population elle-même la met en grande activité dans
tous les genres de production , en défrichant les terres
incultes

incultes, desséchant les marais inutiles, et ne laissant
aucun terrain sans valeur, combien sont funestes, à
ce premier des arts, les guerres qui lui enlèvent tant
de millions de bras capables d'enrichir l'Etat, et de
faire multiplier au contraire ces bras, et de les for-
tifier par l'utilité de cette branche, la plus nécessaire
de toutes, laquelle, avec la suivante, sont reconnues
les deux mamelles nourricières d'un Empire! Ah!
que les guerres imprudentes font de mal aux nations!
*Qui operatur terram suam inaltabit acerbum frugum.
Eccl. c. 23.--v. 3. Non oderis laboriosa opera et rusti-
cationem creatam ab altissimo. 7--16. Qui operatur
terram suam satiabitur panibus, qui autem sectatur
otium, stultissimus est. Prov. 12--11.*

En Chine, c'est un mandarin de la principale
classe : s'il s'est distingué dans son art, pourquoi cette
différence?

COMMERCE.

X V.

Le commerce, ou le négoce intérieur et extérieur comprend la vente ou l'échange par estimation
des productions de tous les arts et de toutes les
sciences sans exception. Il forme deux colonnes.

Le commerce intérieur, par son extension illimitée, renferme la plus grande partie des branches
secondaires qui dérivent de lui dans les arts mécaniques, dans l'industrie, dans l'invention, le génie et
le goût national, dans la multitude des métiers différens, dans les fabriques de tous genres, dans les
compositions, amalgames et mélanges des productions

de la nature, dans les manufactures en très-grand nombre des matières, premières des trois règnesanimal, végétal, minéral.

Toutes ces parties, dépendantes du *commerce*, forment une quantité de corporations de marchands, d'artistes et d'ouvriers dans la société générale, et sont autant de classes utiles et différentes répandues dans les départemens.

D'abord, nous nommerons les parties naturelles du sol de la France, qui sont des propriétés individuelles de l'Etat appartenantes à des Français, ou des propriétés de la nation en masse dans toute l'étendue du territoire de la République.

PRODUCTIONS DU SOL.

XVI.

Le sol de la République comprend, tant à l'extérieur en surface, qu'à l'intérieur, les aciéries, le minerai, mines, minières, carrières, les lits, couches, veines et minières d'or et d'argent, de fer, de cuivre, de zinc, d'étaim, de laiton, de plomb, de cinabre, de fer à fondre ; de charbon terrestre, de pierres de taille, de grais, de marbre, de granit, de pierre de sel-gemme, d'ardoises, de terre calcaire, de terre à chaux, de marne, de craie, de plâtre, de gyps, de sélénité, d'argile, de glaise, de terre à tuile et à brique, de terre à potier, de terre à poterie commune, terre à pipe, à faïence, à porcelaine; sable, soufre, bitume et autres inflammables et volcaniques.

Toutes ces parties sont, en surface, indiquées ou

distribuées par couches dans les entrailles des territoires de la France qui en découvre encore, par l'ex-
cavation, quantité d'autres de grand rapport, outre
celles cachées que les dépenses n'ont pas permis
d'exploiter.

On compte dans la République quarante millions
d'arpens de terres marécageuses ou délaissées, qui
sont sans valeur : il s'y en trouvera, même à présent
qu'elle est augmentée, peut-être plus de soixante millions de cette nature, qui attendent de l'industrie et des
bras pour multiplier nos productions en abondance.
Il ne s'agit que de régénérer les ressorts de l'Etat.

FORÊTS.

XVII.

Les *forêts*, les *bois*, les *taillis*, en coupes réglées, les *futaies*, les *parcs*, les *garennes*, les
charbonnières, sont très-nombreux, ainsi que les
landes, les bruyères, les coteaux pierreux et cail-
louteux, dont beaucoup seroient de valeur s'ils étoient
cultivés; car beaucoup sont restés en friche, quoiqu'il n'y ait rien, dans la nature, qui ne puisse être
mis en production, jusqu'au desséchement des
marais.

DOMAINES NATIONAUX.

XVIII.

Les domaines nationaux, qui s'étendent sur une grande partie des forêts et terres distribuées dans les trente-deux provinces, appartenans en domaines propres de la ci-devant couronne, sont devenus la propriété réservée de la nation avec les territoires et monumens des duchés-pairies, comtés, baronnies, marquisats, vicomteries, prévôtés, seigneuries répandues dans toute la France.

Comment arrive-t-il que ces biens immenses, estimés plusieurs milliards, et qui devroient être conservés à la nation, comme étant inaliénables, incessibles, imprescriptibles, soient tous les jours mis en vente à vil prix par ses gouvernans établis principalement pour les lui garder et faire de bonnes lois? où paroît il, dans les lois anciennes et nouvelles, même dans la constitution, violée journellement, qu'ils soient autorisés de commettre tant et de si hauts crimes de forfaiture envers la République, qu'ils jurent de servir, en la dépouillant de ses plus grands biens, et faisant l'opposé de ce qu'ils ont promis?

Les principes de finance, d'économie, de conservation, de réglement, de bon ordre, sont de ces prétendus représentans de la nation, tellement méconnus, qu'ils ont déja aliéné, engagé, vendu à vil prix, par enchères, soumissions simulées, au-delà des trois quarts de ces biens nationaux, et ont encore entre eux posé la question s'ils vendroient, avec la même impudeur, les grandes forêts que leur imprévoyance laisse détruire par les riverains, tant ils ignorent le régime d'une République de trente millions d'ames, qui cependant n'est que le même d'une famille particulière où , sans effort, la vigilance d'un bon père, ne laissant rien dissiper, met tout en règle.

Certainement, ceux qui volent les biens de la nation sous un gouvernement qu'on peut appeler nul et insensé, ceux qui acquièrent , qui soumissionnent ces grands biens pour de petits capitaux, six et dix fois au-dessous de leur valeur, doivent s'attendre d'être, tôt ou tard, recherchés et dépossédés sans remboursement , et même d'être contraints d'indemniser la nation de leurs biens propres, puisqu'il n'est pas douteux que les vendeurs et les acheteurs, dans une matière si grave, ne soient inquiétés, poursuivis quelque jour, malgré les véreux décrets des législateurs , lorsque la justice, accompagnée de lois sages, descendra pour venger l'oppression de la nation souveraine.

O Français ! hâtez-vous, pour ne pas perdre le restant de vos biens nationaux, d'abolir la constitution de l'an 3, et tous les corps rongeurs qu'elle a établis pour votre ruine. Vous ne sauriez être plus mal gouvernés que vous l'êtes !

VIGNOBLES ET PRAIRIES.

XIX.

Les vignobles, les prairies, les territoires communaux de pacages, les pépinières de tous arbres et arbustes à fruit, tant locaux qu'étrangers, composent une grande partie du territoire utile à la République.

Il seroit d'un sage gouvernement de fonder au moins cinq à six pépinières publiques dans chaque département, à environ un quart de lieue, pour renouveler les plantations du pays, et faire même, autant que possible, dans les cantons, naturaliser des espèces étrangères les plus utiles dans des climats tempérés, sur des terrains appartenans à la nation, pour les multiplier de proche en proche gratuitement chez les propriétaires, puisqu'on ne peut trop favoriser l'industrie, ni avoir trop de fruits comestisbles, de fruits propres aux boissons, d'autant plus que le bois de charpente, de menuiserie, de charronnage devient rare aussi-bien que le bois à chauffer. Peut-on avoir trop de noyers, de châtaigniers, de maronniers, d'ormes, de tilleuls, de sapins, de frênes, d'érables, de charmes, de hêtres, de bouleaux, de trembles, de chênes; ni des plus belles espèces de poiriers, de pommiers, de pruniers, de pêchers, d'abricotiers, de cerisiers, de bigarotiers, de merisiers, de figuiers, de mûriers, de cornouillers, de coignassiers, de néfliers, etc. qui n'exigent presque aucun soin pour venir et produire ?

Il en est même une quantité d'étrangers qui, indigènes d'abord, s'acclimateroient plus ou moins qu'à Cayenne où ils deviennent prodigieux et incroyables.

ANIMAUX DE SERVICE ET DE SUBSISTANCE.

X X.

Les bestiaux, les volailles, les animaux de service, domestique et de subsistance, est un objet d'aussi grande nécessité que d'utilité. Il comprend les chevaux, les cavales, les poulains, les mulets, les ânes, les ânesses, les taureaux, les bœufs, les vaches, les veaux, les chèvres et chevreuils ; les beliers, les moutons, les brebis, les agneaux, les porcs, les truies, les cochons-de-lait, etc. Tout cela enrichit et meuble les grandes fermes, aussi-bien que leurs basses-cours garnies de paons, piutardes, dindes, cocqs, chapons, poules, pluviers, canards, outardes, oies et oisons, cochons-d'Inde ; et où s'élèvent à peu de frais encore tourterelles, tourtereaux, colombes, pigeons et pigeonneaux, même lapins, lapreaux, lièvres, lévraux, et tout ce qui peut se priver, avec des ruches à miel.

Il importe à l'Etat d'avoir, dans les départemens, nombre de haras pour multiplier les plus belles espèces de chevaux nerveux et véloces : la France est le meilleur climat qui leur convienne.

L'ancien régime n'avoit que deux haras pour le luxe et la chasse.

FLEUVES, RIVIÈRES, CANAUX NAVIGABLES.

XXI.

Les fleuves, les rivières, les canaux rendus navigables et commerçables dans l'intérieur par la chûte des fontaines et sources ruisselantes d'eaux vives et petites rivières, de proche en proche, sur les terrains qu'ils parcourent, les torrens, les étangs empoissonnés, forment une forte colonne de l'Etat.

Les canaux ne coûtent qu'une fois à excaver, et produisent des avantages incalculables aux villes et aux departemens dans lesquels ils sont établis, et fertilisent prodigieusement les terres qui les avoisinent.

Les grandes routes, au contraire, qu'on a construites aux frais de beaucoup de millions, coûtent encore à l'Etat, pour leur entretien annuel, au moins un million, tant pour les ponts et chaussées, les aqueducs, les bâtards-d'eau, les écluses, les pontceaux, que le ferrement, l'empierrement et le pavement de ces grandes routes. Il en faut nécessairement pour le roulage et la course.

Mais les canaux, qui coûtent moins, ne coûtent qu'une fois pour toujours, et qu'on peut, en tout temps, faire faire par entreprise, ont des avantages que n'ont pas les grandes routes : ils enrichissent les pays qui en ont le plus de navigables; ils donnent le repos, la commodité, l'épargne aux voyageurs; ils fertilisent les terres; ils offrent au commerce une nouvelle branche; ils animent les contrées, et donnent mille ressources aux villes.

Le ministère de France n'a jamais entendu le régime des Chinois, des Japonais, des Vénitiens, des Hollandais, sur-tout, qui saignent et rigolisent leurs territoires en tous sens pour flotter les bois, arroser les prairies, transporter des marchandises, augmenter leurs productions, et se donner des communications industrieuses et promptes.

La France a peut-être plus de facilité que ces Etats, de se procurer les mêmes avantages, par son heureuse situation dans grand nombre de départemens, pour la navigation intérieure, le flottage et le hallage. On a grand tort de négliger une si belle branche intérieure, ainsi que la suivante qui est encore plus considérable.

MARINE, PORTS DE MER.

XXII.

La marine et les bons ports de mer sont d'une si grande conséquence et d'une si vaste extension pour le soutien, la richesse et l'agrandissement d'un Etat, qu'on ne peut trop s'étonner de l'indifférence, de l'inapplication, de l'insouciance du ministère de France, depuis mille ans, pour cette formidable colonne d'Etat, qui exige à la vérité des efforts extraordinaires pour la faire prospérer, puisqu'elle fait fleurir l'Etat entier à son tour, l'agrandit, l'enrichit, et protège quantité de grandes parties, en les mettant en activité.

La marine ne peut s'élever que par le secours continuel des finances, qui tiennent le premier rang de nécessité.

Il lui faut en tout temps de bons ports, des chantiers, des arsenaux, des magasins approvisionnés
d'agrets, d'artillerie, de bois de construction, des
vaisseaux de ligne, des frégates, des bâtimens de
transport, des chaloupes incendiaires, des chaloupes
bombardières et canonnières, et des chiourmes, et
vingt autres machines flottantes.

Pour tous ces vaisseaux destinés aux descentes, aux
abordages, aux expéditions lointaines, il faut beaucoup
de marins, quelquefois des troupes de débarquement.

Il faut avoir un grand classement de matelots,
de capitaines, de lieutenans expérimentés par des
voyages de long cours, outre beaucoup de milices,
gardes-côtes dans l'intérieur.

Il faut proportionnément à l'emplacement, à la
commodité, à la sureté du port intérieur, et propre
à la construction et radoubs, avoir des chantiers,
des magasins nombreux de mâtures, de cordages,
de voiles, de goudron, de fer, de cuivre, d'ancres
pour équiper, des magasins de vivres, et toutes
sortes d'ouvriers entretenus et soldés, tant pour la
conservation, que pour l'augmentation des îles, des
colonies, des comptoirs, des forts déja acquis pré-
cédemment.

Il faut avoir des établissemens dans les Indes,
dans l'Amérique et l'Afrique, pour les pêches de la
moluc au Canada, du hareng, de la baleine et autres.

Cette marine soutient toutes les parties de l'Etat
au-dehors et au-dedans : elle offre sans cesse des
possessions à conserver, et des richesses immenses
à acquérir à la République.

Cependant elle est presque nulle aujourd'hui, tant

elle est foible, languissante et mal organisée comme l'Etat, qui ne peut faire respecter son pavillon, faute de finances, de vaisseaux de force, d'approvisionnement, de ministres intelligens, de capitaines marins, de matelots classés et soldés, de beaucoup de gens expérimentés, et de bonnes milices préposées à la garde des côtes qui sont fort étendues en France.

Une grande partie des fonds de l'Etat devroit être appliquée à cette colonne vivifiante ; la guerre et le mauvais régime s'y opposent maintenant.

Il nous semble qu'il n'y a pas un seul bon Français mal-aisé qui ne sacrifiât par an vingt sous par tête dans tous les départemens, pour relever tout d'un coup, c'est-à-dire en peu d'années, la marine française au degré de puissance que mérite la France, s'il étoit sûr que l'application de ces vingt sous en fût réellement faite sans détour, et par économie, à cette colonne formidable et protectrice.

Que l'Angleterre, enorgueillie de notre foiblesse, seroit alors punie et les nations vengées ! Son nouveau Machiavel, Pitt, ne pense pas que son pays se ruine par ses propres forces, et qu'il a plus besoin de commercer avec nous que nous avec lui.

Un Etat succombe aussi-bien sous le poids d'une masse de dettes et de crédit précaire, qu'un autre, sous le poids de l'indigence. Les Tyriens, les Sydoniens, les Babyloniens, les Athéniens, les Corinthiens, et une infinité d'autres peuples en sont les preuves antiques avec les modernes.

Il est facile, après la paix une fois bien conclue, de rendre florissantes l'Allemagne et la France ensemble, en introduisant, dans la première, une marine marchande et guerrière, qu'elle n'a jamais eue, pour que l'une et l'autre fassent réciproquement un grand commerce par deux moyens :

Le premier, c'est de construire devant Mayence un port, qui, fortifiant cette ville française, entretiendra le plus grand commerce maritime en Allemagne jusqu'à la mer Noire, et donnera à la France l'aisance de construire grand nombre de vaisseaux de guerre et de commerce, à plus de la moitié moins de frais qu'à Brest et à Toulon. Pourquoi ? parce que les mines abondantes du meilleur fer de l'Europe, se trouvent enclavées dans la principauté d'Usinghen, dépendante de l'Electorat de Mayence. Et ce même Electorat, renferme encore de nombreuses et belles forêts, qui bordent les rives du Rhin et de la Moselle en bois de chêne, réputé le meilleur à la bâtisse, ainsi que de hauts sapins pour la mâture, à prendre, tant dans ces forêts, que dans celles de la Suisse et de la Forêt noire, lesquels se transporteroient facilement à Mayence par le Rhin et le Neker.

On observe, qu'en juin, juillet et août, le Rhin grossissant régulièrement des neiges fondues des hautes montagnes de la Suisse, se trouve si plein, que les plus grands bâtimens peuvent facilement descendre jusqu'en Hollande.

Le second moyen, est d'exécuter le projet autrefois tenté par Charlemagne, pour joindre le Rhin au Danube qui, a son embouchure dans la mer Noire, en faisant ouvrir le canal dont la trace est encore marquée tout près d'Ulm, en Souabe.

Sur ces vestiges, une compagnie française et

anglaise se proposoit, en 1772 et 1773 , d'achever ce canal important pour l'avantage de plusieurs nations. Le plan d'une si utile entreprise est inséré dans plusieurs ouvrages imprimés en Allemagne , et il n'a été arrêté que par les difficultés de quelques petits princes impolitiques , chez lesquels le canal doit passer.

On ne manquera pas , sans doute à présent , de reprendre ou de faire rendre à la France les îles vénitiennes de Gremio , et de Corfou, Goso et Curaino. Le port de Corfou est, dit-on, propre à la construction des plus grands vaisseaux, par les forêts de l'Albanie. La main-d'œuvre y est à bas prix , et l'on y pourroit avoir une pépinière de trente mille marins , ce qui est d'un grand espoir sur la Méditerranée.

COMMERCE EXTÉRIEUR.

XXIII.

C'est encore par l'avantage d'une bonne marine , que se fait en grand le commerce extérieur, car elle protège presque toutes les branches extérieures, et en particulier celui qui se fait aux parties lointaines ci-après.

Le *commerce extérieur* s'étend dans les îles du Levant, dans l'Amérique, dans les Indes orientales et occidentales, au-delà du cap de Bonne-Espérance, dans les échelles du Levant, dans plusieurs états de l'Asie, dans les comptoirs établis sur les côtes de l'Afrique, et au-delà des côtes de Barbarie, celles d'Italie et d'Espagne, mer Méditerranée, au Nord, avec la Suède, le Danemarck, mer Baltique et l'Océan, avec les villes anséatiques, Dantzick, Bremen, Lubec, Hambourg, les îles Saint-Domingue au nord, la Guadeloupe, Marie-Galande, la Désirade, les Saintes, la partie française de Saint-Martin, la Martinique, la Gorée, la Guyanne française et Cayenne, Sainte-Lucie et Tabago, l'île de France, les Scychelles, Rodrigues, et les établissemens de Madagascar, l'île de la Réunion, Pondichéri, Chandernagor, Mahé, Karical et autres, dans les Indes.

SCIENCES ET ARTS.

XXIV.

Les hautes sciences, les beaux arts, qu'on appelle *libéraux* ; les belles-lettres, qui produisent des *savans* dans tous les genres de sciences et arts, ne peuvent les multiplier sans de longues études dans des écoles dirigées par des instituteurs et des professeurs. Ces études avanceroient peu ceux qui s'y livrent de tout leur cœur, s'il n'y avoit pour toutes les sciences et les arts, soit libéraux, soit mécaniques, des livres élémentaires et classiques d'instruction pour chaque science, et pour chacun des arts différens. Ce sont donc les secours de la typographie qui élèvent souvent au-dessus de leurs professeurs les étudians. Ce seroit donc empêcher la propagation des arts et des sciences, que de nuire à la liberté, si utile de la presse, et de la borner, lorsqu'elle doit

être illimitée, lorsqu'elle enseigne toute science et
tout art, lorsque, sans elle les, meilleures lois ne
pourroient être promulguées à toute la nation. Car
les bibliothèques, qui sont déja si nécessaires au public, avide de connoissances, lui deviendroient peu
profitables, si la presse n'en fournissoit chaque jour
des milliers toutes nouvelles, pour l'aliment de l'esprit humain, des sciences et des arts. Ce n'est point
assez qu'on ait vu et entendu jouer une charmante
comédie, une attendrissante tragédie, on veut encore
lire et méditer l'une et l'autre à loisir par l'impres-
sion. Ainsi l'imprimerie forme toute seule de nombreuses et précieuses écoles, qu'on ne peut trop multiplier dans la vaste étendue d'une République de
trente millions d'ames, pour encourager les talens,
les sciences et les arts, qui font fleurir les états en
les illustrant. On peut douter que des législatures
soient saines, si elles n'aiment pas l'instruction générale, qui est l'une des colonnes fondamentales de
l'Etat; car tous les hommes de bon jugement de l'antiquité, jusqu'à présent, ont fait connoître que l'u-
sage des belles-lettres nous est si nécessaire, que,
sans lui, nous ne serions guères de meilleure condition que les bêtes brutes. La briéveté de notre vie,
l'étendue de nos devoirs civils et moraux, la pro-
lexité des arts, la multitude des négoces humains,
démontrent que nous ne pouvons vivre sans lettres.
L'écriture nous a fait recouvrer ce que l'antiquité,
derrière nous, nous faisoit perdre.

INSTRUCTION PUBLIQUE.

X X V.

Sans *instruction publique* instituée dans tous les départemens, la France se seroit-elle distinguée, illustrée par la République des lettres, de siècle en siècle, depuis l'heureuse invention de la typographie ? Auroit-elle pu acquérir cette multitude innombrable d'érudits, de savans, de philosophes et de sages, qui l'ont fait briller d'âge en âge ? Auroit-elle, pour les propager, fondé tant d'écoles, de gymnases, de bibliothèques nationales et particulières, qui font une des branches les plus actives du commerce ? Auroit-elle eu une sorbonne, des universités, des académies, des prix d'encouragement, qui étoient plus que des prytanées, des lycées, des musées, pour la perfection de la langue française, si l'on n'eût reconnu la nécessité de les consacrer à la multiplication, à la perpétuité, à l'émulation des sciences et des arts ?

Si on ne le peut nier, ne faut-il pas, pour les générations présentes et futures, organiser sans cesse l'enseignement de l'instruction publique, nourrir, enflammer le génie, diriger les sciences vers les arts utiles à la société générale, appliquer l'industrie nationale aux plus urgens besoins de la République, ouvrir des cours d'instruction de tous les genres, pour y faire participer gratuitement toutes les clases de citoyens, recréer des sociétés philomatiques, politiques même, pour découvrir, discuter les maux

et

et les dangers de la patrie, en établir d'autres également libres sur les sciences, les lettres, les arts ; d'autres purement littéraires ; d'autres, pour la régénération de la religion et l'épurement des mœurs ; d'autres, sur la perfection, l'accroissement et l'honneur du premier des arts, l'agriculture ou l'art aratoire qui s'étend à toute la population.

L'instruction publique de la jeunesse, ainsi que tous les instituts sur les sciences et les arts, dont nous venons de parler dans la colonne précédente, sont donc pour la nation des deux sexes; la première obligation du gouvernement est de les bien fonder et multiplier partout où le besoin le requiert.

Si les législatures ne le sentent pas, quand elles attaquent la liberté de la presse, disons, sans détour, qu'elles sont imberbes, vicieuses, inutiles, et très-dangereuses par principes constitutionnels. *Graves pueros ludentes in senatum videmus.* Que le père Duchêne va jurer, tonner, fulminer, s'il voit notre champ de bataille, sans d'autres armes qu'une plume, contre les corps les plus puissans de la République, ainsi qu'autrefois contre ceux de l'ancien régime, qui provoquoient et établissoient méthodiquement les famines, les disettes et la cherté, par une habitude de soixante années, à compter depuis 1729 jusqu'en 1789 !

RENTIERS, PENSIONNAIRES, DÉFENSEURS DE L'ÉTAT.

XXVI.

Les rentiers, les pensionnaires, les défenseurs de la patrie, tant sur mer que sur terre , forment une très-nombreuse corporation de patriotes actifs, à qui la République, pour laquelle ils se sont épuisés , et se sacrifient encore tous les jours, avec une générosité sans exemple dans les autres pays du monde, ne reçoivent des mandataires de l'Etat, trop bien choyés pour se montrer sensibles et équitables, ni les rentes , ni les promesses, ni les pensions , ni les secours, ni les récompenses qui leur sont dues. Manquer de remplir envers eux ces devoirs sacrés, quand ils végètent, se consument et périssent dans l'attente, sans pouvoir capituler avec l'indigence qui les poursuit de plus en plus cruellement , c'est , Messieurs les mandataires du peuple souverain, faire réellement, quoique vous vous excusiez, banqueroute atroce et journalière aux pères de la patrie, qui l'ont soutenue dans tous les temps , et qui la défendent encore par leurs vigoureux enfans ; c'est ne montrer ni foi , ni probité, ni morale, ni pudeur civique ; c'est appeler sur vous l'exécration de la postérité ; d'autant que vous vous roidissez contre les sages remontrances de ceux d'entre vous qui ont le courage de vous expliquer la nécessité de remplir sur cela vos devoirs sans délai. Tous vos subalternes, qui vous imitent, se montrent envers les autres réclamans de leurs droits, durs, insoucians, inabordables, insolens ou barbares. Ceux que nous appelons de ce nom parmi les étrangers, n'en usent pas ainsi envers leurs semblables. Chez vous, les hommes, comme le dit Voltaire, sont tous, Jean qui pleure et qui rit : mais il y a malheureusement Jean qui mord, Jean qui vole, Jean qui calomnie, Jean qui tue, et cela est punissable. *Volt.* 61, *lettres* 32.

IMPÔTS ET CONTRIBUTIONS ANNUELLES.

XXVII.

Les impôts ou contributions sont et doivent être généralement assis pour les besoins ordinaires de l'Etat. Nul habitant, des deux sexes de la patrie, qui y possède des biens, ou qui a de l'industrie, quand il a l'âge de vingt ans, et jouit de la santé et de la liberté de ses membres, n'a aucunes raisons d'éviter de lui payer un tribut proportionné à ses facultés et à son industrie, fût-il même célibataire.

Mais l'impôt industriel doit être moindre de moitié pour une fille de vingt ans, non mariée, que pour un garçon du même âge. L'impôt foncier doit être égal pour l'un et l'autre, proportionnément à leur revenu, et ne jamais excéder le cinquième, même en temps de guerre. L'impôt mobiliaire est aussi absurde que ceux qu'on établiroit pour jouir des élémens. Tous autres impôts de fantaisie sont indus et vexatoires.

Là où il n'y a aucun revenu, la République n'a

plus de droit, si ce n'est seulement sur l'industrie, qu'il faut exciter contre la paresse.

Les percepteurs doivent être payés pour leur recette aux plus modiques frais de la République, sans manquer d'être comptables et responsables annuellement. Point de troubles ni de murmures sur cela, si la justice, la répartition des cotisations étoient observées, et les répartitions réglées sur les facultés pour l'utilité générale. L'impôt doit être unique pour chaque tête de citoyen majeur, et non se multiplier sous des noms arbitraires et déguisés. Les murmures ne viennent que parce que les principes sont violés.

LE GÉNIE DES CONSTRUCTIONS ET FORTIFICATIONS.

XXVIII.

Le génie de construction pour les forts, les forteresses, les fortifications des places frontières, des citadelles, des ports de mer, des édifices nécessaires dans l'intérieur et sur les côtes maritimes, les ouvrages à cornes de défense, les monumens, les quais, les cales, les jetées, tant dans les ports de mer, que dans les ports de commerce et la marine marchande, les phares, les signaux, les obélisques, les canaux de salut, les ouvrages propres aux arrivages, au flottage et au hallage, les ponts, pontceaux et chaussées, tant sur les routes et grands chemins, de province à province, que sur les canaux et rivières, regardent le corps du génie qui embrasse une infinité de parties scientifiques, et qui, selon les temps , est adjoint aux militaires pour miner et contreminer , lever des plans. Il comprend encore , dans l'école polythecnique, l'artillerie, la géographie, la marine. Les élèves , au nombre de trois cents , sont salariés par l'Etat. Les examens se font avec une extrême sévérité , seul moyen de rendre des hommes habiles dans le corps du génie et des ingénieurs.

LES MANUFACTURES.

XXIX.

Les manufactures , usines , atteliers pour tous les genres , avec les bâtimens qui y sont propres, font l'aliment du commerce , et forment encore une des plus fortes colonnes nécessaires à l'Etat, quoiqu'elle ait beaucoup diminué depuis dix ans que dure la révolution , par les émissions énormes des assignats , les émigrations de l'argent, les banqueroutes occasionnées à la ruine de beaucoup de familles auparavant opulentes, les réactions révolutionnaires , la continuation de la guerre, les vices constitutionnels, la misère générale, etc.

POSTES ORDINAIRES ET EXTRAORDINAIRES.

XXX.

Les postes ordinaires et extraordinaires, pour la course, sont d'une utilité et d'une nécessité indispensables , soit aux branches générales de l'Etat, soit à son gouvernement , pour les relations et les communications d'ordres célères. Les dépenses en sont très-considérables sur tous les points de la République et celles qui lui sont alliées.

Ce grand objet est tantôt en ferme, tantôt en régie administrative ; mais les autres dont nous allons parler , sont à l'entreprise de compagnies libres.

Les postes ordinaires concernent les lettres adressées, les paquets d'Etat , mémoires, comptes, journaux, nouvelles relatives à la situation des puissances et des mouvemens de leurs armées.

Les postes extraordinaires , réunies et dépendantes de la poste aux lettres qui va jour et nuit , sont encore beaucoup plus véloces au galop et à franc étrier , de relais en relais , réglés à distances à-peu près égales , pour l'avantage des couriers , et la commodité des voitures légères.

VOITURES PAR TERRE ET PAR EAU.

X X X I.

Les voitures par terre , sur toutes les routes intérieures des la République , ne sont pas moins considérables pour le bien public. Le réglement en est confié à la police générale , ainsi que les diligences et messageries établies pour l'utilité et la commodité nationale, aux plus moindres frais qu'il est possible du temps présent.

Les voitures par terre , comprennent toutes les grandes et petites d'emballages de marchandises, par balles , ballots, caisses et tonneaux , pierres de taille,

pièces de bois et tout ce qui est sujet au transport.
Les routes en sont journellement encombrées. C'est
ce qui se nomme le roulage des productions du
sol de canton en canton, de département en département.

Les voitures par eau, sont les paquebots sur
mer, etc. Les bacs, les grands et moyens bateaux
de charge, les coches-d'eau, les galiotes, les ba-
telets sur les rivières navigables.

LOTERIES NATIONALES.

XXXII.

Il est singulier que les loteries nationales, fondées par la cupidité, fassent aujourd'hui et depuis
le commencement du siècle, qui finit une branche organisée du gouvernement français.

Cet objet, qui semble au premier coup-d'œil, si
futile et si incertain, se réalise néanmoins au profit
du gouvernement, par l'appât qu'il présente tous
les 15 jours, et l'espérance qu'ont les opulens, les
aisés, les mal-aisés, les indigens même de toutes les
classes, de tenter la fortune toujours mouvante sur
son pivot, pour sortir de leurs détresses pressantes,
moyennant le sacrifice qu'ils lui font d'une partie
de leurs gains ou de leurs épargnes, soit par économie, soit par privation de quelques nécessités,
chacun spéculant et imaginant être celui que la
fortune, conduite par le hasard, voudra peut-être
favoriser parmi ses milliers et ses millions de courtisans dans toutes les cités du territoire de la République française.

H 4

FÊTES NATIONALES.

XXXIII.

Cette nouvelle branche ne prendra pas si solidement que la précédente, et l'on ne s'en éton-
nera pas. Elles ne sont instituées que pour amuser le peuple à ses dépens, avec l'ostentation d'une
vaine pompe, sans objet bien déterminé. Les fêtes
nationales ne seroient plus à mépriser, si la liberté,
l'égalité, l'unité, la fraternité, l'amour de la patrie
n'étoient pas chaque jour violés; si la majesté d'une
nation souveraine, considérée en masse, pouvoit
être dignement représentée; si ces fêtes n'avoient
pour objet que de rendre à Dieu la gloire des grandes victoires que lui seul fait obtenir à qui il lui
plaît; mais nous seroit-il toujours favorable, quand
l'impiété nous fait attaquer ses lois et substituer
des décades, des fêtes de fantaisie aux fêtes solennellement instituées par le christianisme, depuis
2000 ans ? Il est permis de douter que celles de la
révolution durent aussi long-temps, et mieux moraliser une nation, en supposant qu'elle vienne s'y
asservir, et ne professe aucun culte. Cela ne seroit
pas moins surprenant que la révolution elle-même
qui enfante de si belles choses dans le gouvernement
actuel.

Qu'il y a d'esprit d'avoir nommé Panthéon, le
temple destiné à la patronne de Paris, et appelé
temple de Raison, celui dédié, depuis le onzième
siècle, à la patronne de la France entière; d'avoir
donné des dénominations ridicules à 24 autres églises

paroissiales qui sont encore restées pour l'usage du culte qu'on n'a osé abolir tout-à-fait , quoique l'impiété des docteurs l'eût bien voulu !

Personne à présent ne saura dire qu'il est de telle paroisse, pour y avoir été nommé et baptisé chrétien, à l'exemple de ses ancêtres et de ses parens, puisqu'il ne pourra plus connoître ni distinguer ; car si la famille étoit longue , personne ne saura plus quel étoit Pierre, Jacques , Jean , etc. dans l'affinité, dans l'ordre des successions, dans les actes , dans l'hérédité, dans les partages. La constitution , toute mauvaise qu'elle est, n'a commandé aucune de ces arbitraires nouveautés. O savans de toutes classes , qui avez souffert la persécution , si vous reveniez voir tout, ne diriez-vous pas que la déraison , la désolation , l'abomination font aujourd'hui le sanctuaire de la France, par ses représentans qui n'ont pas été appelés pour détruire , mais pour édifier et faire le bien général et non le mal !

POUDRES ET SALPÊTRES.

XXXIV.

Les poudres et salpêtres , dont la composition remonte au-delà du treizième siècle , suivant l'histoire, firent naître ensuite les armes portatives à feu , puis la menue et grosse artillerie. Elles sont devenues un objet de si grande conséquence aux Etats de l'Europe, que lorsqu'elles défaillent à l'un d'eux , toutes les parties territoriales qui en dépendent, sont sans force ni sûreté contre les invasions qu'un ennemi peut tenter pour s'en emparer. C'est ce qui fait qu'en paix comme en guerre, aucun État ne doit manquer de poudres ni d'artillerie de toute espèce pour l'attaque et la défense.

En France, la fabrication des poudres et salpêtres, ainsi que celle d'artillerie et de toutes armes, sont en tout temps dans une générale activité, par nécessité d'en avoir par-tout des amas dans des arsenaux, pour n'être pris jamais au dépourvu. Quand les États ont manqué de munitions, les guerres ont toujours été plus longues et interminables, au malheur du genre humain.

G U E R R E.

X X X V.

La guerre est la plus dispendieuse, la plus ruineuse et le fléau le plus destructeur de toutes les parties nationales et territoriales des Empires. Elle ne devient nécessaire que dans la défense légitime contre l'injuste aggression ; et c'est alors que *Grotius* dit : *si vis pacem, para bellum*, et ne la faites pas mollement, si elle est nécessaire.

La guerre, que nous ne voudrions point ranger au nombre des colonnes obligatoires d'une République, qu'autant qu'elle amène forcément l'épuisement et la paix, se sert de toutes les branches de l'État les plus productives pour l'éteindre. Elle a à son service l'artillerie la plus nombreuse, pour opérer la plus prompte dévastation. Les arsenaux munis de toutes les armes propres à l'attaque et à la défense, la solde, l'habillement, l'équipement, les campemens, les impôts subsidiaires au-dedans, les contributions au-dehors, les vivres et fourrages, les munitions de poudres et salpêtres , les étapes en partant , les convois de toutes espèces, les lits, les tentes, les hôpitaux ambulans et de garnison, les chariots de transport pour les équipages d'infanterie et de cavalerie, ceux des généraux et de l'état-major, et mille autre encore sont à ses gages, ainsi que les fonderies, le génie, les sciences et les arts, pour ravager les pays, répandre le sang humain , incendier, détruire les villes, anéantir les États par des victoires, qui, d'ordinaire ruinent autant les vainqueurs que les vaincus, si la résistance est égale. L'on a vu en France des guerres mal soutenues, durer 60 ans.

Souvent un orgueil mal entendu presse les conseils de déclarer la guerre à plusieurs puissances à-la-fois, par résolution prise du soir au lendemain , sans avoir 1°. débattu et discuté avec maturité le pour et le contre durant quinze jours au moins, ni avoir consulté la nation dans les administrations des départemens, ce qui est une infidélité d'autant plus grande envers la patrie, qu'elle l'expose constitutionnellement au démembrement ou à la dissolution totale de ses parties.

2°. On ne se donne pas le temps d'examiner si l'objet vaut les frais incalculables de la guerre.

3°. Si l'on a déja prêtes les choses nécessaires pour l'entreprendre sur-le-champ ; car la déclaration faite, il est important de prévenir la diligence de l'ennemi pour entrer chez lui , plutôt qu'il n'entre chez nous.

4°. Si les finances ne nous manqueront pas , pour la soutenir pendant dix et vingt ans qu'elle pourra durer. On sait bien quand elle commence, mais on ignore quand elle finira.

5°. Si l'on triomphe , on ne gagne qu'à perdre moins que l'ennemi, en perdant pourtant immensément , puisque toutes les parties vivifiantes de l'Etat , sont restées dans la langueur et l'inaction.

6°. Si l'on est vaincu , l'Etat est désorganisé , déchiré, ruiné , perdu en totalité ou en partie, faute d'y avoir bien réfléchi d'abord. C'est la même chance du joueur insensé qui expose toute sa fortune sur un coup de dez : personne ne le plaindra.

Donc, pour conclure, la politique des gouvernans est bien fausse, qui n'évite pas prudemment à la patrie cette source intarissable de maux que lui amène la guerre ; et l'on peut douter que les conseillers de la guerre soient les amans de leurs pays, ni qu'ils le veuillent bien servir, quand ils le révolutionnent pour pêcher à l'eau trouble. Souvent ils sont eux-mêmes exterminés par les foudres vengeresses qu'ils ont provoquées et méritées. Mais ils n'en seront pas quittes encore , si leur ame ne peut mourir avec eux. Tout est présent à l'Eternel. Le sang répandu par des millions d'hommes, lui crie vengeance ! justice ! Par-tout il dit qu'il la fera au dernier jour.

HOSPICES, HOPITAUX CIVILS ET MILITAIRES.

XXXVI.

Les hospices de retraite , les hôpitaux civils et militaires, sont indispensables dans un grand comme dans un petit Etat, et il ne peut trop y en avoir de bien fondés par-tout , pour la multitude d'invalides couverts d'honorables blessures , qui ont servi tant sur terre que sur mer , pour les estropiés de naissance ou d'accident , pour les enfans trouvés, pour les sourds-muets et aveugles , pour les pauvres malades des deux sexes, pour la charité due aux malades incurables , ainsi qu'à ceux tombés dans le mal épileptique ou mal caduc, pour ceux en démence habituelle, appelés pauvres d'esprit , pour les dépôts de mendicité , pour les repaires destinés à la correction , pour les maisons d'arrêt et de justice, pour les vagabons et malfaiteurs de tout genre , pour les dépôts de ceux condamnés aux galères ou à la déportation; enfin , pour les maisons des orphelins des deux sexes.

C'est mal-à-propos que les maisons publiques , de pitié , de piété et de charité , soient, comme celles dont nous allons parler , confiées et dirigées souvent par des vauriens attachés à la police , lesquels passent de la moucharderie à d'autres emplois plus lucratifs , à raison de leur perfide capacité et de leur immoralité.

P R I S O N S.

X X X V I I.

Les prisons , les maisons de force pour la détention et la réclusion , sont sans doute nécessaires. Un grand nombre de bastilles sont renouvelées à la même fin, depuis 1789, qu'a été démolie celle qui portoit ce nom. Il ne faut pas qu'elles servent jamais d'asyle à des émigrés rentrés , ni à des prisonniers innocens , mais à de vrais malfaiteurs , à des libertins et libertines, qui nuisent à l'ordre de la société, ou à la sureté, ou à la propriété publique.

Encore la peine et sa durée doivent-elles être fixées et proportionnées aux délits bien constatés:

Les droits de l'homme et du citoyen ne veulent pas qu'aucun soit détenu sans cause , sans accusation l'égale , puisque cette loi déclare coupables et punit ceux qui sollicitent , expédient , signent , exécutent et font exécuter des ordres arbitraires, et nul ne peut être prévenu , s'il n'a été auparavant légalement cité , comparu devant ses accusateurs , entendu dans ses défenses , par lui-même, ou par ceux qu'il a droit d'appeller pour lui.

Les maisons d'arrêt sont très-nombreuses en France. Les grandes villes en contiennent plusieurs de différentes espèces pour la sureté. Chaque bourg en a au moins une pour tous les cas de discipline, civile, correctionnelle, militaire ou de punition.

C'est à la diligence des ambulans , des gendarmes à pied et à cheval , que ces maisons d'arrêt sont remplies d'individus confiées à un seul con-cierge, et il en répond, à moins que des hordes de vagabonds, de chouans armés ne viennent en force les faire sortir à l'improviste, pour les associer à leur bande. Dans toutes les révolutions, le repos des villes et des cantons a toujours été troublé des entreprises de ces malfaiteurs, ennemis de la concorde.

CONCORDE, UNION, FRATERNITÉ, OBÉISSANCE AUX LOIS DIVINES.

XXXVIII.

La concorde affermit, consolide tout l'Etat qu'un sage gouvernement fait diriger au bien général. D'elle sort et découle *l'union politique* dans les branches de la masse nationale, et de cette *union* qui tend au même bien, naissent l'égalité, la fraternité dans les droits communaux, d'où dérive tacitement une confédération virtuelle, qui est ce contract social qu'aperçoit J. J. Rousseau dans le plus profond de ses ouvrages.

L'obéissance aux lois divines, toujours stables, immuables en elles-mêmes jusqu'à la fin des siècles, en garantit facile et non pénible l'exécution. Ces lois amènent *le bon ordre*, *l'union*, *la concorde* : elles se concilient parfaitement avec la loi naturelle que le créateur de toutes choses a gravée dans le cœur des hommes : Ne fais à autrui ce que tu ne voudrois pas qu'il te fît. Fais-lui plutôt le même bien que tu voudrois en recevoir, quand tu le peux.

Ceci ne contredit en rien les dix commandemens de Dieu , mais les soutient : Un seul Dieu adoreras, etc.

Toute constitution qui ne se base pas sur ces principes éternels, est nulle , fausse et vicieuse par principes , et pèche envers Dieu même , comme envers toutes les créatures qu'elle prétend lier, diriger, gouverner.

C'est à Dieu seul que toutes les louanges, respect infini sont dus et non à de telles constitutions, ni à ceux qui les approuvent , les exécutent, ou les font exécuter au détriment de la souveraineté populaire et de sa précieuse liberté.

Nous avons insinué déja ce qui est à faire dans les circonstances très-malheureuses où la patrie est plongée , pour abattre les guerres intestines , et veiller sur celles du dehors. Il suffit de voir clairement d'où procèdent les maux.

La rédaction de notre plan , en faisant ouvrir les yeux , servira peut-être à quelque chose.

Il faut user de prudence, de fermeté , de célérité: le temps perdu est irréparable. Il faut se préparer , se roidir contre les événemens renaissans. Les cris, les gémissemens , les dénonciations n'effarouchent pas les pervers ni les tartuffes. Les conseils , les demi-mesures proposées chaque jour , ne serviront de rien. Allons au fait : qu'un petit corps réuni de savans, de zélés patriotes se partagent entr'eux, et rédigent ensuite chez eux les chapitres de matières qui leur sont propres, pour, le tout relu, discuté en commun et bien rassemblé , en former un *type* vraiment *constitutionnel* , qui puisse être communiqué à

tous

tous les départemens (non par la poste , (on entend le pourquoi,) mais par gens sûrs qui auront affaires pressantes à retourner chez eux ou à venir à Paris,) en recevoir les observations particulières avant leurs approbations pour le meilleur gouvernement républicain d'une si grande nation , etc. , etc., etc. (Le reste se devine,) alors la nation vraiment consultée sur ses plus grands intérêts , se débarrassant out d'un coup de ses liens apparens , parlera en souveraine , avec dignité à ses prétendus tuteurs qui se font un jeu de diriger sa puissance contre elle-même, et se donnera une constitution fondée en principes organisateurs , jusqu'à ce que des temps plus heureux lui permettent de perfectionner son ouvrage dans un autre plus muri par l'expérience. C'est à cette bonne fin que tend ce petit ouvrage.

Questions au-dessus de toutes celles qu'on a faites.

Depuis la révolution de 1789 , la République française est-elle véritablement dans le plus grand danger ?

Tout le monde , ami ou ennemi , a déja déclaré , *l'affirmative.*

Les constitutions reçues , bien ou mal exécutées , sont-elles capables de la sauver de ce danger très-imminent ?

La négative se soutient impérieusement , 1°. par l'expérience de trente secousses différentes ; 2°. par les raisons les plus invincibles dans l'exposition de ses maux successifs ; 3°. par le tableau général de la

France actuelle et de toutes ses parties de gouvernement.

Ce tableau existe-t-il ?

Oui, en trois mois il a été rédigé ; il ne faut pas quinze jours pour le remettre au jour, sous le nom et la défense de l'auteur.

Est-il de prompts moyens de salut à prendre pour reconstituer solidement la République ? Oui, il s'en présente, quoique depuis dix ans, dans tout ce qu'on a fait, l'on n'ait pas encore abordé dans la politique, dans les assemblées philomatiques, ni les conseils de législation, la question du *salut*, qui est la première des nécessités démontrées à sauver trente millions d'ames, malgré cette maxime si connue ; *salus populi suprema lex*.

La question du 22 thermidor, du Cit. Simplex, dans le Propagateur, approuvée des bons esprits, amène et autorise celles ci-dessus.

L I B E R T É.

X X X I X.

O bona libertas, pretio pretiosior omne, s'écria l'ancien Palingène, français d'origine ! tu fais, ainsi que la paix, le seul bien et le vrai bonheur des habitans de la terre.

Mais la liberté n'est pas de faire le mal à volonté; ce seroit le *liberticide* qui nuit et désorganise tout.

La vraie liberté est de vivre sans esclavage, d'exercer la profession pour laquelle on a plus d'aptitude, d'inclination et de goût ; d'agir comme l'on veut, pourvu qu'on ne nuise à personne , ni à la propriété d'autrui.

Existe-t-elle aujourd'hui cette précieuse liberté, par tant d'attentats qu'on lui fait, tant d'entraves qu'on lui met , tant de décrets qu'on lance journellement contr'elle, quoique pour en jouir gratuitement aux termes de la constitution, l'on paie ce qu'on ne doit pas.

Si le salut de l'homme, ou, pour mieux dire, de l'*humanité*, est la grande affaire à laquelle ont été appelés les constitués en place, n'a pas été soigné de leur part ; si par fantaisie ils ont détruit tout ce que la constitution même ne leur ordonne pas ; si, pour défigurer la France, ils ont substitué le profane au sacré, l'impiété à la piété , l'incrédulité à la foi , l'erreur du paganisme aux dogmes divins, l'injustice à l'équité , les vices à la vertu , les désordres au bon ordre , l'infidélité à la fidélité , la contrainte à la *liberté* , seront-ils jamais excusables , et non destituables ? Ne ressembleront-ils pas à ces gens dont parle Sénèque, qui font semblant de travailler beaucoup, et cependant ne font rien d'utile ? *ii operose nihil tamen agunt.*

N'est-ce pas la liberté qui constitue un Etat, qui fait le charme de la vie, qui fait aimer la patrie, et lui assure de zélés défenseurs ? Comment ose-t-on lui porter tant d'atteintes ? et si elle est le premier de tous les biens de la nature, pourquoi est-elle si rare et si disputée aux hommes qui ne diffèrent des autres

que par la couleur qu'il a plu à l'Eternel de leur
donner dans les climats qu'ils habitent?

PAIX.

XL.

LA paix fait le bonheur , l'affermissement et
la prospérité des Etats où elle réside. C'est à la
conserver , à la maintenir le plus long-temps que
doit s'appliquer tout régime sensé.

La raison , l'équité, la saine politique invitent à
céder souvent de petits intérêts pour habituer la
paix à enrichir l'Etat. Nous faisons le contraire
sous mille faux prétextes. Elle n'est pas plutôt bannie,
que toutes les branches désolées aspirent son retour,
parce qu'elle assure leur liberté et leur activité
sans bornes , tant au-dedans qu'au-dehors. Maudits
soient donc ceux qui la font émigrer ! ils sont les
plus grands ennemis déclarés de leur Patrie.

Voilà les quarante colonnes de la France au
temps actuel. Elles sont inégales , plusieurs coûtent
beaucoup à entretenir , d'autres exigent peu ou
presque point de dépense.

Les seconde et troisième branches n'ont besoin
que de protection avec la paix , pour s'activer et se
multiplier.

Nous ne voulons pas faire un gros volume,
quoique nous ayons abondante matière pour en faire
plus de cent nouveaux qui seroient intéressans.
Notre âge, de soixante-quinze ans, ne nous per-
mettroit pas de composer un volume de plus de cinq

à six cents pages, par trimestre, comme autrefois.

RÉSUMONS :

LA RÉPUBLIQUE FRANÇAISE n'a besoin que du même et sage gouvernement qu'on voudroit appliquer à un seul de ses cent départemens, par exemple, à celui du *Parisis*, puisque tous les autres, si éloignés qu'ils soient, doivent être raisonnablement régis par les mêmes lois générales, sauf quelques distinctions locales de nécessité, ou de convénance pour ceux qui sont au loin. Mais le principe doit toujours être le même au fond, et cela n'est pas si difficile qu'on le pense, si chacune des autorités avoit des devoirs bien marqués à remplir, et les remplissoit.

Le bon ordre d'une cité bien réglée, descendant du grand au petit, en est la preuve et la démonstration, jusqu'à l'unique famille d'un bon père vigilant et prudent.

Le Miroir politique, contenant les diverses manières de gouverner et policer les Républiques qui ont déja existé, composé, en 1555, par Guillaume de la Perrière, Toulousain, et publié l'an 1567, avec privilége de Henri II, l'indique clairement, en langue gauloise de son temps. Voici son tableau, d'une bonne République, page 101, figurée par six agens nécessaires et dénommés.

REIPUBLICÆ bene institutæ Typographia.

Qui superos placat, perfecta debet in urbe
Sacrificus, primum jure tenere locum.

I 3

Sacrificium sequitur legum jurisque peritus ,
  Præmiet ut justos , excruciet que malos.
Tertius his merito succedit in ordine miles
  Arma tenens , hostes pellat in urbe procul.
Quartus erit varias pergens mercator ad oras ,
  Mercibus ut cives adjuvet ille suis.
Artifices quinta (post illos) sede locantur ,
  Nulla diu quibus urbs vera carere potest.
Rusticus ut Bacchi Cererisque alimenta ministret
  Urbis in extremâ parte locandus erit.
His licet officium sit dispar , corde sub uno
  Si coeant simul , urbs florida semper erit.
Publica res omnis (concordi fœdere junctos
  Si teneat cives) pace fruetur ovans.

Nous allons donc nous borner , pour aller plus
vite, à donner en aperçu par nomenclature courante, les secondes et troisièmes branches qui four-
millent dans l'étendue de la République , sans ordre
ni classement, à mesure qu'elles se présentent; il
y en a encore dans les départemens nouveaux que
nous ne connoissons que de nom , qui seroient à
indiquer , puisqu'elles sont des portions réunies à
l'Etat.

Tous les arts , toutes les sciences ne peuvent être
réunies dans un individu. Nous avons tous, par-là,
besoin les uns des autres dans la société , et celui
qui peut mieux faire , doit servir libéralement sa
patrie , des talens que Dieu lui a donnés pour le bien
de ses semblables et de la République dont il est
originaire.

NOMENCLATURE

DES

SECONDE ET TROISIÈME BRANCHES

DE LA REPUBLIQUE FRANÇAISE.

Corporations d'artistes disséminés dans les villes, bourgs, et petites communes des campagnes, dont les habitans ont toutes professions différentes, mais relatives aux quarante Colonnes ci-devant expliquées.

INGÉNIEURS, architectes, tailleurs en pierre, maçons, échafaudeurs, modeleurs, compositeurs, figureurs, etc. pour la construction dans les cités, des monumens, des édifices, des temples de religion, des maisons municipales, des châteaux, forts de protection, de ceux de decoration ou d'utilité publique, des fontaines et châteaux-d'eau, des colonnades et portiques, des hôtels de bourse, de banque, de munition, de halles et marchés, de clochers, de minarets, d'horloges, de palais de justice, de police, de lois, de monnoie, de trésorerie, de la marine, de guerre, de relations extérieures, de bibliothèques nationales, de temples paroissiaux et patronnaux, d'arcs de triomphes, d'obélisques, de châteaux de plaisance et de jardins nationaux d'utilité, de commodité et d'instruction au service public, de cirques, de théâtres, de rotondes, de lycées, de places, de quais, de magasins, de ponts, de grands hospices pour la retraite des invalides de terre et de mer, des infirmes indigens, des enfans-trouvés, des malades, hommes et femmes, des orphelins et orphelines, des incurables, des aveugles, des sourds et muets, des pauvres d'ésprit, des maisons de police correctionnelle pour les garçons et pour les filles, de celles destinées aux vieillards des deux sexes, de maisons d'arrêt, de celles destinées aux valides pauvres des deux sexes, qui, faute de travail et d'occupation, mendieroient, vagabonderoient; de celles destinées aux observatoires, conservatoires, télégraphiques, géométriques, aérostatiques, boussoliques, astronomiques, hydrographiques, des ports et rivières, électriques, flotatiques, cursatiques, volatiques, exploratiques, incisiques, sailliques d'eau, pompaliques à feu, machines en rouages de force supérieure, pour lever, tourner, façonner les corps les plus durs, de force et de masse supérieures; des phares, fanaux, signaux, réverbères, sur les côtes maritimes, pour guider les vaisseaux et éviter les écueils; des moulins à bras dans les forteresses, pour moudre le grain, des moulins à vent pour la même chose, ainsi que ceux à eau. Ceux en plus grand nombre, à fendre le fer en barres, laminer le cuivre, l'or, l'argent; ceux à broyer le tan, à fouler les draps de laine fabriqués, à cylindrer, à fabriquer les huiles, le

papier et mille autres choses ; les instrumens propres à tailler et polir les pierres naturelles de bijouterie , ainsi que les diamans de haut prix ; la grosse
et la petite horlogerie , les pendules de mille sortes,
à sonnerie et carillon, comprenant les tourne-bro-
ches, les gros horloges , et descendant aux montres
simples et à répétition, en boîtes d'or, d'argent et
de cuivre doré ; les grandes manufactures de glaces,
de verre et de verroteries , de fines porcelaines,
peintes, dorées et enluminées ; celles de faïences
communes, de terres cuites, produisant des vases de
tous modèles ; celles des tentures historiées ou romanesques, les superbes et inimitables tapisseries
des Gobelins, servant d'ornement et d'ameuble ·
ment ; celles sans nombre, d'habillemens pour les
deux sexes, en étoffes variées, en draps teints unis,
rayés, mélangés de couleurs, mouchetés , tant en
laine, qu'en soie, coton, poil, castor ; vigogne, ve-
lours de toutes couleurs, chanvre, lin , poil-de-
chèvre, écorce d'arbres, et herbes filotières plus
fines et plus fortes que le lin, qui croissent dans la
Guiane française et à Cayenne ; celles des filatures,
toileries , tisseranderies, dentelles de toutes espèces,
pour les femmes françaises, qui, par leur goût de
s'ajuster et de se coiffer, créent et varient à l'infini
les modes, lesquelles alimentent le commerce et le
luxe ; celles des pelleteries et fourrures d'hiver, celles
des tanneries , corroiries, peauceries , parchemineries, vélineries, mégisseries ; d'où naissent ensuite
les bottiers, les cordonniers, (et ceux-ci ne seroient-
ils point ainsi nommés, de ce qu'ils font venir des
cors aux pieds ?) les bottiniers et guêtriers, les sa-

vetiers , les galochiers, les harnacheurs , les selliers, les bridonniers , atteleurs de chevaux , les couvreurs de carrosses et de malles , etc; celles d'encaissement, de layetterie , de charronnage , de trains, de roues ferrées pour tous les genres de voitures , soit de luxe, de commodité , de transport et de roulage ordinaire; celles des serrurries et taillanderies , qui composent une infinité d'outils et d'ustensiles en fer et en acier , à l'usage d'une multitude d'artisans différens dans toutes les professions. Voilà déja bien des artistes et fabricans différens.

Il faut conséquemment, à tant de familles industrieuses , tant de corporations multipliées , et répandues par-tout dans les mêmes arts que nous venons de nommer , ainsi qu'à ceux que nous allons indiquer , des maisons, des usines, des emplacemens propres à leurs atteliers avec les matières qui entrent dans leur fabrication avant de les pouvoir vendre et débiter à ceux qui en ont besoin , et ce sont les premiers cités qui entreprennent et dirigent les bâtimens. Par leurs talens, on pourroit dire qu'ils sont les fondateurs des villes , et offrent à la postérité tout ce qu'on y voit de curieux , de commodité et d'élégance. Poursuivons.

Les parcs , les jardins de plaisance, les légumiers, les potagers à entretenir, font la profession des jardiniers , qui entre à bon droit dans la classe infiniment utile des laboureurs , cultivateurs et admodiateurs les plus précieux, pour l'entretien , la plantation et la taille des arbres, la culture du terrain, et le succès renouvelé des productions du sol, des fruits, des denrées , des légumes, des fleurs , des plantes et arbrisseaux variés , tant du pays où ils se sont acclimatés , que ceux et celles venant de l'étranger. L'expérience les instruit , et ils sont beaucoup plus savans que les laboureurs en toutes sortes de choses sur l'art aratoire , et le bien à retirer d'un terrain mis en labour, plant ou vignoble.

Les pressoirs , les brasseries , les salines , et marais salans sur l'Océan pour faire le sel. Il est quelques endroits qui en produisent en pierre , qui surpasse en qualité celui de fabrique.

Les tabacs , le thé supérieur, le café, le chocolat, le taffia , le rum , le sucre , la cassonnade, le poivre, le gimgembre , la muscade , la canelle , le clou de gérofle , et autres épiceries qui viennent des pays étrangers , pourroient nous arriver en abondance de Saint-Domingue et de Cayenne , où ces denrées prospèrent , si ces lieux étoient en paix, et suffisamment garnis de colons protégés. Il y vient encore, outre une quantité d'arbres qui sont inconnus en France , du cacao , de l'indigo , du coton plus beau qu'ailleurs , des bois de couleur et d'odeur propres à la teinture et à l'ameublement.

Les papéteries, qui se sont multipliées depuis la découverte de la typographie , ont fait naître ou accroître à leur tour les parchemineries , les cartonnages , les imprimeries , la librairie , les bibliothèques , les reliures, les vignettes, les gravures , les estampes en profusion, qui donnent , par le dessin , la copie bien exacte de tous les sujets de peinture, d'architecture et de sculpture , des portraitures et miniatures, l'enluminure, les dorures, le lavis des cartes et des plans , auxquels se rapportent encore d'autres arts et sciences, gravées tant à l'eau forte qu'au burin, sur planches de cuivre rouge.

Les médecins tiennent le premier rang dans la très-nombreuse classe des charlatans qui se remarquent dans toutes les sciences, les arts et les professions. La science du médecin ne peut guère être que conjecturale. Il ne peut connoître tous les tempéramens qui varient autant que les figures des individus. Après avoir beaucoup étudié la médecine, et expérimenté l'effet de ses remèdes, on s'aperçoit qu'on n'a travaillé qu'à tenter le hasard, toujours accompagné de la batologie, qui donne la qualité de docteur ; mais ce n'est pas sans raison que le médecin porte dans son costume le deuil de ceux qu'il n'a su sauver, et sur cela Voltaire dit, fort à propos, qu'en médécine,

> Souvent l'un se perd où l'autre s'est sauvé,
> Et par où l'un périt, l'autre est conservé.

La science du chirurgien est moins équivoque et moins douteuse, il opère autant de la main que du bonnet, il anatomise, il dissèque ; avant d'expérimenter, il sonde les plaies. Dès que le mal lui est connu, il a bientôt trouvé son remède. Si le péril est imminent, il ne tâtonne pas avec des palliatifs. Cette science comprend la physiologie, la pathologie, l'ostéologie et une infinité d'instrumens de curation.

Les écoles vétérinaires qui sont modernes, offrent une autre classe de médecins pour l'étude des maladies des chevaux et autres animaux de service, sujets aux épidémies.

La *théologie* et la *Sorbonne*, qui ne sont plus

ainsi que les *Universités*, étoient plus apparentes qu'utiles à l'Etat. Cependant la Sorbonne fit naître après les humanités dans des collèges jusques et compris la rhétorique, la philosophie et la physique, les grammairiens, les chapelains, les bacheliers : delà s'éleva la faculté des droits civils et canoniques, celle du droit Français, du droit de la nature et des gens ; puis la faculté des arts abusivement attribués à quatre nations qui formoient seules originairement le corps de l'Université de Paris; c'étoient les Parisiens, les Picards, les Normands et les Allemands. Delà le collège moderne des Quatre-Nations. Dix autres collèges dépendoient seulement de l'Université mal nommée, et étoient de plein exercice, vingt-six étoient de non plein exercice. Mais celui de Cambrai avoit exclusivement des professeurs, lecteurs pour l'hébreu, le syriaque, l'arabe, le turc, le persan, le grec, l'éloquence latine, la littérature française, la poésie, la géométrie, l'astronomie, la physique non expérimentale, la mécanique, la médecine-pratique, l'anatomie, la chimie, l'histoire naturelle, les mathématiques, le droit canon, le droit public, l'histoire morale. Toutes ces sciences, en se disséminant, se réfugièrent depuis dans de nouvelles académies. Il ne subsiste plus de l'Université Parisienne que quelques professeurs émérites.

Mais d'autres sciences plus abstraites, plus profondes, plus nouvelles, plus utiles et encore plus élevées, se concentrent dans le corps du génie et les écoles Polytechniques, qui comprennent les mathématiques expérimentales, poussées au plus haut dégré connu aujourd'hui, les longitudes maritimes, les calculs différenciels, l'algèbre, la géographie, la cosmographie, l'hydrographie, la sténographie, la tachigraphie, l'hydronanimique, etc.

La société Philomatique de tous les hommes vraiment désintéressés, mais patriotes, qui ne devroit jamais manquer d'exister, et seroit la plus nécessaire à l'Etat dans les calamités, dans les révolutions, dans les crises du danger, est celle qui malheureusement n'existe pas encore, quand l'Etat se montre en péril évident, et qu'il s'agit de sauver trente millions d'ames contre une constitution avortée, et les autorités qu'elle a établies pour régir momentanément la Nation française. La patrie cependant attend ce prompt secours de ses enfans aînés ; pourroient-ils le lui sefuser ? O ma grand'mère, l'un de vos derniers rejetons, en vous tendant du moins ses bras impuissans, aspire, invoque et provoque ces secours généraux qui vous sont dus par ses frères et sœurs !

La chimie, l'alchimie, la botanique, la transmutation des matières minérales, fusibles, jusqu'aux matières métalliques, prend le nom de métallurgie, et sont des sciences expérimentées qui ont déja produit de bons effets.

Les spectacles, en petit comme en grand, occupent une infinité de gens : les illuminations, l'art dramatique, l'art tragique, l'art comique, l'art pantomique, l'art machinique, l'art opticien, les volliges et disparates, les arts de la musique, soit vocale, soit instrumentale ; l'art de la danse, ont chacun des perfections et où se déploient une foule de talens réunis, qui exigent, pour les apprendre, du goût, des écoles et des maîtres. Il en faut pour tous les degrés de perfection.

 Les exercices sont nécessaires à la jeunesse, pour la danse, les voltiges, l'équitation, la paume, l'escrime, et donnent de l'adresse, de la force, de la grace et de la santé : l'excès la feroit perdre.

 Le repos modéré porte à la méditation, à la contemplation. Le repos et l'application sont dans l'étude, la lecture, la composition, l'écriture, l'imprimerie, la gravure, le dessin, le lavis des plans, la peinture, la diction, l'enseignement des langues et des histoires, la dialectique, l'éloquence dans l'art de penser, de parler, d'écrire et de prononcer. Chaque langue à sa prosodie particulière pour être bien prononcée, bien entendue.

 Les poids et les mesures, qui dans les conventions journalières, règlent et déterminent par-tout les achats, ventes et livraisons selon les localités, devroient, avons-nous déja dit, être uniques et uniformes, mais comme ils tiennent, aussi bien que les coutumes, à des usages reçus depuis plusieurs siècles, il est imprudent au moins, pour les changer, s'il est possible de l'exécuter, ce que nous ne croyons pas, de choisir pour cela un temps de guerre avec l'étranger ; car c'est alors établir une autre guerre intérieure parmi la nation, qui est habituée à ses usages locaux, et cette habitude légale varie non pas seulement dans les départemens, mais même de canton en canton, tant en poids, longueur, quantité, mesurage que comblage, taux et rasade ; c'est de ces choses auxquelles il est aussi dangereux de toucher qu'à la démonétisation de la monnoie de cours. Ainsi

l'on ne peut, sans causer du trouble par-tout, toucher aux poids, aux mesures, aux pieds de douze
pouces, aux jauges, aux balances, aux toises, aux
aunes, aux perches adoptées.

Il importe seulement au gouvernement chargé de
surveiller la police générale, pour prévenir les frau-
des, qu'il ne se vende à faux poids et à fausses
mesures dans toutes les municipalités, et d'empêcher
que les comestibles, sur-tout, soient gâtés, corrom-
pus, mélangés, et les boissons altérées, changées,
dénaturées et sophistiquées; de plus, ce seroit encore
à la police de mettre taux et réglemens sur le prix
de ces choses, quand elles ne sont pas abondantes.
Si cela étoit observé en tout temps, le public sauroit
le prix, et beaucoup d'honnêtes marchands pour
avoir la vogue, vendroient au-dessous de la taxation,
de semaine en semaine, la même qualité pour le soulagement du peuple, ce qui les enrichiroit plus
que leurs confrères intéressés.

Les maréchaussées seront toujours infiniment utiles
dans tous les temps, au repos, à la sureté et aux
propriétés des habitans de l'Etat, soit qu'ils demeurent chez eux, soit qu'ils voyagent par terre ou
par eau, ainsi que les postes et messageries.

De même les jurisdictions consulaires, ne seront
pas moins nécessaires en tout temps, pour les banques,
les traites, les remises de place en place, les lettres
de change à époques désignées relativement aux lois et
aux règles commerciales.

Il faut encore, dans l'Etat, des receveurs de con-
signation, des bureaux conservatoires aux hypo-
thèques des dépôts et collections de chartres, tant
manuscrites

manuscrites qu'imprimées, des bibliothèques nationales, des greffes, des notariats, des tabellionnages,
des lieux publics d'études et de recherches, afin
que les individus laborieux, les savans, les artistes,
et ceux qui veulent s'instruire de ce qui les intéresse,
puissent consulter librement à toute heure du jour :
mais il subsiste dans ces bibliothèques d'anciens abus
qui dérobent au public presque tous les secours qu'il
y doit trouver, par la fermeture de ces lieux gratuits, qu'on n'ouvre que peu d'heures du jour,
quoique l'Etat paye cher les employés qui y sont attachés pour y être sédentaires et journellement utiles
au public.

Les écoles militaires, tant de terre que de mer,
sont à un Etat républicain, s'il veut se soutenir,
de la plus grande nécessité pour le défendre.

Les dépôts et gardiennats de titres, d'archives
nationales, de meubles antiques, de curiosités, de
statues, de médailles, médaillons, de monnoies,
soit nationales, soit étrusques, grecques, romaines,
antiques ou modernes, avec leurs costumes indiqués,
sont à conserver, pour être consultées par les
historiens, les savans, les peintres, les graveurs et
autres artistes qui veulent en rassembler les collections ou en indiquer le genre et le goût.

Il est une infinité de branches d'arts, de sciences,
de manufactures, d'atteliers, d'usines, de métiers,
de professions que le dictionnaire encyclopédique
enseigne par supplément, depuis les fabriques d'ai-
guilles et d'épingles jusqu'à celles d'allumettes souf-
frées.

Plusieurs arts ont été perdus pour n'avoir pas

écrit leurs procédés avant la découverte de l'impri-merie. Le dictionnaire économique de *Chomel* enseigne une multitude de compositions et de se-crets, pour fabriquer des choses d'usage journa-lier.

Nous allons nommer un grand nombre de pro-fessions, de métiers, de fabriques existantes, for-mant des classes de marchands, d'artistes et d'ou-vriers de tous genres. Le fer, le bois, la pierre, l'air, l'eau, le feu, la terre en forment une mul-titude que nous ne nous donnerons pas le temps de distinguer ni de collectiver : que ceux qui l'ont le fassent.

La charpenterie, la menuiserie, la tabletterie, l'ébénisterie, la placarderie de tous bois pour meu-bles d'usages divers et de propreté, tant en bois de France, qu'en bois tiré de l'étranger, enrichis de lames de métaux dorés et argentés ; les corps ou communautés différentes de marchands en gros te-nant des magasins de toutes sortes de marchandises de France et de l'étranger ; celui des épiciers fournis de toutes denrées, comestibles, et non comestibles d'usage quotidien, se multiplient à l'infini.

Celui des merciers embrasse de même une si grande multitude d'objets, qu'il semble avoir droit de faire entrer ou réputer mercerie tout ce qu'il veut, tant pour hommes que pour femmes, et ce-pendant les marchandes mercières ne tiennent que des objets relatifs à leur sexe.

Celui des marchands de vins, d'eaux-de-vie, en gros en détail, est un des plus multipliés à Paris.

Il n'est point de rue où il n'y ait un nombre de marchands de boissons et de liqueurs, de boulangers, de bouchers, de chaircuitiers, de pâtissiers, de tripiers, de rôtisseurs, de traiteurs, de restaurateurs, de limonadiers, de teneurs de tables d'hôtes à haut et bas prix.

Les communautés de barbiers-perruquiers-baigneurs-étuvistes, celles de modes et d'appareil, d'orfèvrerie d'or et d'argent, de joaillerie, de bijouterie, de vaissellerie, de quincaillerie, de ferblanterie, de taillanderie, de coutellerie, d'armurerie, d'arquebuserie, de fourbisserie, d'étaimerie, de lanternerie, de faïencerie, de vaissellerie, de chaudronnerie, de poëlerie, de miroiterie, de tapisserie, de tableterie, d'ébénisterie, de vitrerie, de laminerie, de plomberie, de parfumerie, d'amidonnerie, de ganterie, de cordonnerie, de botterie, de lunetterie, de feutrerie, chapellerie, castorerie, soierie, velouterie, frangerie, de filoterie, de cotonnerie, de féraillerie, de serrureries, d'outilleries, de clouteries, de fonderies, d'artillerie, de quincaillerie; de bijouterie, de fourrerie, de manchonnerie, de librairie, d'imprimerie, tant sur papier que sur les toileries en diverses étoffes légères; tanneries, pelleteries, corroiries, parchemineries, tisseranderies, draperies, papeteries, vélineries, peauceries, d'où les culotteries, les parfumeries, les savonneries, les passementeries, les mégisseries, les cordonneries, les botteries, les saveteries, les galocheries, les bonnettries, les faïenceries, les verroteries, les cireries, les ciergeries, les vermisseries, brunisteries, policeries, limeries, les gaînetries, les cafeteries, les chocolateries, les bonbonneries sont les plus nombreuses ; entre les détaillans, revendeurs et revendeuses sur place de toute espèce de ces marchandises.

Il y a aussi des fripiers, des chiffonnières à boutique ouverte, des revendeurs et revendeuses de toilettes, ainsi que de tous meubles de haut et bas prix.

Dans tous les quartiers, des anti-fumistes, des couvreurs de bâtimens, des paveurs, des carreleurs, des boutiques de marchands de tableaux, d'estampes, de dessin et de curiosités ou rares ou précieuses, des luthiers et fabricateurs d'instrumens de musique, des plumaciers, des éventaillistes, des horlogers, des pharmaciens, des droguistes, des apothicaires, des chimistes, des chirurgiens, des médecins, des herbistes, des charlatans, des empiriques, des herboristes, des grainetiers, des crêmières-beurrières, laitières, fruitières, des ciriers-chandeliers qui, comme les épiciers, renferment une abondance de drogues, de comestibles en gros et en détail, vendent en même temps beurres salés, fromages, savons, huiles, vinaigres, fruits secs, miel, sucres, cafés, thés rhum, eaux-de-vie, etc. Ce qui renferme plus d'une douzaine de professions en sus de l'épicerie.

Les marchands de papier en gros et en détail, se disant aussi cartonniers, parce qu'ils réunissent à leur commerce tout ce qui se fournit à l'usage des bureaux, d'ustensiles avec les écritoires ; du papier est née la branche économique et brillante des papiers peints pour tapisser les appartemens, de telle couleur qu'on veut avec symmétrie.

Les peintres pour tous les genres ont fait naître aussi les marchands de pastels coloriés, et de couleurs et d'ustensiles qui s'emploient dans leur art infiniment varié, soit à l'huile, à fresque, à gouache, en miniature, soit en bronze, en ombre, en camayeu ou sur l'émail.

Il y avoit avant la révolution des magasins fameux de linons, batistes, mousselines, broderies, dentelles, *blondes, valenciennes, points de France,* issus d'Alençon, d'Argentan, Bayeux, qui l'emportoient sur la rivale Angleterre ; mais il n'en subsiste plus encore que des premières ; d'autres s'évanouiront et manquent déja, tels que les galons de Paris, les magnifiques étoffes de soie d'or et d'argent de Lyon, pour les meubles et vêtemens des richards français et étrangers.

Les belles manufactures de glaces sont anéanties, ainsi que les fonderies de cloches, et beaucoup d'autres plus nécessaires, tomberont de même, si le commerce ne se ranime promptement par le retour de la paix.

Les banquiers, les négocians, les agens de change, les courtiers, les agioteurs à la hausse et à la baisse des effets sur place ; les huissiers-priseurs et crieurs aux ventes publiques de meubles et marchandises, après décès, ou de celles exposées à l'encan dans les salles publiques ; les commissionnaires tenant hôtel pour procurer l'achat ou la vente d'immeubles, meubles, vivres, marchandises de toute espèce, dans toutes les villes et départemens ; les loueurs d'hôtels, d'appartemens et de chambres garnies, sont des classes nombreuses.

Encore plus sont celles du même peuple, tant dans la domesticité, que dans les nourrices d'enfans, les ouvriers, les gagne-deniers, les porteurs d'eau et de fardeaux à la journée pour tous les travaux, et qu'il seroit impossible d'expliquer pour toutes les villes et les campagnes.

Les notaires, les tabellions pour la rédaction des actes publics, sont indispensables à la société générale, ainsi que beaucoup de fonctionnaires près la police, la justice et la paix, qui ont des tribunaux différens pour juger les causes, ce qui nécessite une foule de défenseurs près ces tribunaux, tels que les huissiers exploitans, des avocats, des juges, des greffiers, etc.

Il est une quantité considérable de coiffeurs et coiffeuses, de marchands et marchandes de modes, de lingères, de tailleurs et tailleuses d'habits pour hommes et femmes; de couturiers et couturières; de fabriques sans nombre de rubans, de bas de laine, soie et coton, à l'aiguille, au tricot et aux métiers inventés pour exploiter plus promptement.

Quelques-uns ne dédaignent pas, pour s'occuper, de faire des poupées, des colliers, des perles coloriées, des fleurs, des fruits postiches, des colifichets, des jouets d'enfans; car il n'est rien qui n'entre dans le commerce, jusqu'aux cailloux, aux sables, aux cendres, aux fumiers, aux feuilles d'arbres, si on y faisoit attention.

Les blâtiers, les fariniers, les meûniers, qu'on appelle forts des halles, sont, après les laboureurs, les jardiniers et les vignerons, les plus utiles à la généralité des habitans, et il est parmi eux des gens de mérite et de distinction qui sont à louer et estimer.

Les fondeurs de tous métaux fusibles, engendrent, sur des modèles de toutes grandeur et de petitesse, des meubles de toute nature, jusqu'aux caractères d'imprimerie; ce qui a fait naître les nombreuses corporations d'imprimeurs, libraires, graveurs en taille-douce d'estampes, tant au burin qu'à l'eau-forte, en creux et en bosselage, sur les pierres : de là les lapidaristes de toute antiquité, qui ont dû servir à la découverte si importante de l'imprimerie et de la presse ; de là, peut-être, les plaques historiques et armoriques de cheminées de fer fondu; les polisseurs et brunisseurs d'acier ; les diverses compositions d'outils nécessaires aux différens artistes; de même que les verreries, par des procédés différens, avoient fait naître les grandes glaces, et de la peinture qui a une infinité de chefs - d'œuvres rappelés jusqu'en tapisseries dans lesquelles on a fait entrer l'or et l'argent.

C'est du rapprochement de plusieurs arts et des instrumens harmoniques qu'on a pu former, à grands frais, lés buffets d'orgues qui en imitent la plus grande partie, par l'élément de l'air, sous les doigts des mains légères d'un seul homme, d'où sont en diminutif, pour les hommes et pour les femmes, les clavecins, les forte - piano, les harpes antiques, le luth, les mandolines, les tuorbes, les timpanons, etc.

Les communautés des instituteurs et institutrices sont encore nombreuses pour enseigner à la jeunesse, à lire de bonne heure, écrire, ortographier, calculer, composer, chanter, danser, escrimer, monter à cheval, jouer la comédie et de plusieurs instrumens dans la société. Quoiqu'on ne puisse exceller dans tous les genres, un talent acquis conduit cependant à un autre.

Les peintres et vernisseurs de carrosses; ceux d'histoire et de portraiture, de miniature sur l'ivoire et l'émail; ceux au pastel, à gouache, à fresque, en camayeu; ceux en paysages, en animaux, fleurs, fruits; ceux représentant les guerres, la peste, les marches, les convois, les campemens, les haltes, les combats, les chasses, les marines, les tempêtes, les naufrages, les forêts, les sites des villes, les fêtes, les réjouissances, les noces, les festins, les danses; ceux de perspective et d'optique extérieures et lointaines; ceux des plantes naturelles et d'animaux, etc. sont en si grand nombre qu'il seroit difficile de les distinguer.

Les plombiers des canaux sous terre, les careyeurs, les extracteurs des puisards, des fondrières, des minières, tant de la pierre à bâtir, que du marbre, du fer, du cuivre, du plomb, de l'étain, du charbon de terre, du plâtre, de la chaux, de l'ardoise, de la terre-glaise, du bitume, est une corporation infinie.

Qui s'attendroit de ne voir rien d'inutile dans la nature, selon l'emploi qu'on en sait faire, puisque la fiente des animaux, des oiseaux mêmes, les feuilles des herbes et des fleurs servent, ainsi que leurs graines, à en reproduire d'autres en abondance, quand on a pu les ramasser dans les terrains qui leur conviennent? Le bon sens ne dit-il pas aux spéculateurs que si quelques plantes du pays, soit exotiques, soit étrangeres s'y plaisent et mûrissent, il y en vien-

dra toujours de proche en proche, pourvu qu'on ait
le soin de leur donner l'engrais qui leur convient, et
détruire ce qui leur nuit? C'est au cultivateur à re-
marquer celles qui demandent du chaud, du froid,
du sec, de l'humide, de l'aride, du caillou, du sable,
de la cendre, pour les faire foisonner comme le
gazon.

De là les chaufourniers, les plâtriers, les potassiers,
les fourniers de tuiles, briques et de faïence. Il y a
en grande quantité partout des pressureurs, des
brasseurs de bière, des bouilleurs d'eau-de-vie, de
vin, de cidre, poiré et de grain, outre les compositeurs de vinaigres de plus de vingt sortes par la
distillation, ainsi qu'une trentaine de liqueurs.

Les selliers, bourreliers, matelassiers, couvertu-
riers; les tonneliers, les boisseliers, les bouchonniers,
les taverniers, les boutonniers, les ganciers, fran-
giers, balaniers, potiers d'étaim, balanciers, auber-
gistes et hôtelliers; grainetiers, fruitiers-orangers;
poissonniers, harengers, éperonniers, paumiers,
billardistes, buandiers, lavatiers, blanchisseurs, de-
graisseurs, rubaniers, évantaillistes; instituteurs,
institutrices, ouvriers et ouvrières en toutes fabriques différentes, seroient indéclinables, par leurs va-
riations selon les temps et le goût.

Les maîtres de pension pour l'un et l'autre sexe,
les relieurs, colleurs, placardeurs en tous genres;
les teinturiers en grand et petit teint sous toutes
nuances, découpeurs et découpeuses, brodeurs et
brodeuses, fondeurs et doreurs sur tous métaux;
les ajusteurs et ajusteuses; les corbeillers et paneliers
d'osier; les pêcheurs à verge, à enquis, à filet, à

fouloires, à nasse, à épervier ; les tourneurs, em-
pailleurs de chaises, fauteuils et canapés ; les brico-
liers, colporteurs, crocheteurs, traîneurs de toutes
charges ; les ramoneurs, les curateurs de fosses, les
lanterniers, les bouquetières, les boutiquiers et bou-
tiquières, les compositeurs de tentes à camper, à
étaler ; les parasoliers, les échopiers, les fabricateurs
de limes, de scies, de marteaux, de tenailles, de
pinces et pincettes, et mille autres outils propres à
chaque espèce de fabrications diverses. Tout cela
forme des corporations très-multipliées par-tout, qui
augmentent ou diminuent l'Etat, selon le régime du
gouvernement à maintenir la population dans l'abondance, la paix et l'aisance de vivre de ses labeurs.

Mais ceux qui vivent aux dépens de toutes les
classes, pour s'enrichir, sont les fainéans, les charlatans, les fripons raffinés, les contrefacteurs des
monnoies, les agioteurs à la hausse et à la baisse de
leur prix et de celui des marchandises ; les empiriques
de la santé, sous prétexte de guérir ; les clabaudeurs au
bareau, qui rançonnent de mille manières leurs cliens ;
parce que leurs fonctions ne sont pas taxées, fixées
au plus bas, quoiqu'elles dussent l'être, lorsque la
justice est gratuite ; les avilisseurs des biens nationaux et des marchandises de première nécessité ; les
sophistiqueurs des boissons pour, après l'accapare-
ment, les débiter à des prix exorbitans ; les fournisseurs et entrepreneurs des vivres, munitions et
équipémens aux armées ; les fonctionnaires publics
qui protègent des soumissionnaires, en apparence au
rabais, connus d'eux, et dont on ne peut approfondir les récompenses millionnaires faites en secret ;

les corrupteurs et corruptrices de la jeunesse pour les débauches, sont-ils moins dangereux, dans la société, que les violateurs de toute loi, que les dilapidateurs, les spoliateurs, les voleurs, égorgeurs dans les grandes routes ? Non, certes.

Et ces ennemis publics qu'on soupçonne moins, dans les hautes places, où l'on ne s'attend pas de les voir élever, sont, comme dans une infinité de moindres postes, malheureusement répandus par-tout et, en tout temps, difficiles à reconnoître, parce qu'on ne lit pas dans l'intention, et qu'ils ont sept replis de malice dans le cœur, c'est-à-dire, sept démons qui les font agir et penser. Qui les atteindra ? Dieu seul auquel ils ne veulent pas croire. Quand ? Peut-être aujourd'hui, peut-être demain. *Ultio Dei est sæpè dilata, sed certa,* dit l'écriture en mille endroits. Plus ils auront fait de maux, plus la punition sera grande et longue. Il faut avoir le cœur bien ennemi de sa raison, pour s'exposer aux supplices de cette vie mortelle, et de ceux de l'autre qui doit être éternelle. Il n'y a que les devoirs remplis, et les bonnes actions qui comptent devant la divinité pour lui plaire. Vous ! faux philosophes ! vous ne croyez ni à l'évangile, ni au ciel, ni à la terre, ni au paradis, ni à l'enfer, parce que vous prétendez qu'il n'est ni esprits infernaux, ni enfer. Tant pis pour vous ; il ne sera plus temps de gagner l'un et d'échapper l'autre. C'est sans dessein et contre mon dessein, que la matière si sérieuse m'entraîne à moraliser un moment. Je reviens à mon sujet pour finir promptement.

Il y a encore des bibliomanes, des traducteurs de

langues étrangères, des professeurs de sciences, d'arts
libéraux et mécaniques, des littérateurs, des professeurs de mathématiques et de fortifications, des géo-
graphes, des économistes, des écrivains publics, des
gazetiers, des journalistes, des buralistes près le
sénat; des calculateurs, des employés, des préposés
près les diverses administrations de la République;
des gardiens d'archives, de dépôts et de magasins; des
concierges, des portiers et portières; des couriers, des
voituriers en course et messages ordinaires et extraordinaires; des commissionnaires dans les départemens;
des envoyés en ambassade, en consulat, en négociation,
en traités, en achats de fournitures et d'approvisionnemens; des agens et chefs d'administration, dont le
nombre en masse formeroit plusieurs grandes armées
au salut de l'Etat, si elles étoient bien dirigées.

Nous en resterons là; car nous supposons que, pour
trente millions d'habitans, il faudroit peut-être pousser
la nomenclature de toutes les corporations et classes
différentes à plus d'un million de divers métiers; ce
qui seroit assez inutile à savoir, quand on les pourroit
décrire.

Nous ne voulons pas jeter de la poudre aux yeux,
comme beaucoup d'autres. Il suffit que notre plan
soit rempli selon notre capacité, et donner à penser,
sinon au salut, du moins à l'avantage de la République, pour n'être pas noyé dans la multitude
des rêveries romanesques de certains folliculaires du
jour.

CONCLUSION

RELATIVE

AUX GRANDS DANGERS

DE LA PATRIE.

Neminem lœdere, nec adulari vellemus, sed verum tamen dicere ab omnibus cognitum atque millies probatum.

LA constitution du 5 fructidor de l'an III, quoique plus étendue et moins pestilentielle que les deux autres qui l'ont précédée, est ici démontrée dans son ensemble, non-seulement inexécutable, mais contradictoire au régime de la République française et de tout autre gouvernement.

Laissera-t-on tomber cette République dans l'anéantissement, faute de la secourir énergiquement?

Attendra-t-on douze ans, pour, non pas seulement reviser cette constitution, mais lui en substituer une meilleure : après trente réactions, trente secousses, plus ou moins malheureuses, arrivées depuis dix à onze années révolutionnaires, ont prouvé que tous les plus grands maux sourdent d'elle, et du mauvais régime qu'elle et les deux précédentes ont fait tenir?

De ces deux grandes questions , la France républicaine attend la solution , et il faut qu'elle soit prompte, car les corps constitués, pour rester plus long-temps en place , s'entendront toujours à éloigner cette solution si nécessaire à trente millions de Français mal gouvernés.

Or, des demi-mesures ne peuvent aujourd'hui sauver cette République. Se propose-t-on de s'en occuper sérieusement ? Non. On n'a pas même commencé; on jure tous les jours de la maintenir; on veut donc attendre que la bombe éclate ? En ce cas , malheur à ceux des coupables que ses éclats atteindront! *Nationes Gallicæ , attendite !*

Les Suisses, plus sages que nous, n'ont pas jugé que la constitution française qu'ils ont adoptée depuis peu pour régler leur pays , pût , par l'expérience régiminer leur nation qui avoit des lois anciennes , par lesquelles les treize cantons se sont maintenus plusieurs siècles en paix.

En examinant dans son ensemble notre constitution , ils ont bien aperçu que la *liberté ,* l'*égalité ,* l'*unité ,* l'*indivisibilité ,* la *sureté ,* la *souveraineté nationale* des Français, si emphatiquement déterminées par cette troisième constitution , sont violées tous les jours ; que le droit des gens et de la nature, ne se conforme pas au sol pour le conserver ; et qu'elle est , dans son exécution arbitraire, perpétuellement sur tous sens en contradiction avec elle-même : ces bons Suisses, nos alliés, la regardent donc *comme une bastille élevée sur un sol libre , màis qu'il faut détruire en respectant le sol.* Aussi n'attendent-ils pas , comme les Français , pour la reviser , la retoucher , la renouveler, que neuf ou douze ans soient révolus. Et ce qui est le plus étonnant , malgré la guerre , ils s'en occupent. Pourquoi ne faisons-nous pas de même? La raison se devine.

Que notre constitution subsiste jusqu'à ce qu'une autre la remplace avantageusement, cela est nécessaire , indispensable même. On peut aussi la jurer, comme les autorités qui s'y complaisent, en la violant, presque sur tous points, par des interprétations volontaires ; mais rester continuellement dans l'attente des réactions , sans les prévoir ni les prévenir ; s'amuser toujours à discourir, à dénoncer des factions , des conjurations réelles ou fictives, à indiquer des coupables , des déprédateurs , sans en faire juger ni punir aucun , c'est laisser la Patrie dans le danger de voir tous les jours de nouvelles crises semblables ; c'est vivre sous une constitution désorganisatrice , qui germe tous les maux de la société générale ; c'est se laisser dominer par une loi absurde , impolitique et despotique : et durant ces débats inutiles , le bon esprit public se dissipe et s'éteint , les mœurs se dépravent , le liberticide croît , les crimes se multiplient, et la désolation générale arrive comme le déluge lorsqu'on eût pu et dû la prévenir.

D'un autre côté , *chaque retour apparent , vers la République, se tourne en arrêt de mort contre les Républicains , s'écrie un journaliste dans sa feuille du 30 messidor dernier.* La scélératesse , à l'abri,

fait le procès à la probité la plus constitutionnellement patriotique , et à ce moment que la Patrie en
danger , foible, défigurée , moribonde, réclame ses
enfans pour la secourir, la consoler ; c'est alors
que le nouveau directoire , après avoir plusieurs
fois permis , ainsi que les corps législatifs , aux
sociétés politiques et philomatiques de s'assembler,
pour aviser aux moyens les plus urgens de sauver la République, de dénoncer les maux dont se
plaignent les armées , les Républiques alliées , les
départemens français , c'est alors, enfin , que le
directoire, marchant sur les traces de l'ancien ,
entreprend de dissoudre les sociétés de salut. public , de faire main-basse sur la liberté de la presse
et de la pensée , de dépouiller, sans jugement, les
propriétaires , entrepreneurs , directeurs , auteurs
et rédacteurs de leurs écrits, autorisés par la constitution , et de vouloir déporter les plus zélés patriotes
qui ont le courage de résister aux tyrans. O dévo-
rateurs de la France , vous préparez et hâtez votre
fin , et votre règne dilapidateur mérite au moins la
loi du talion !

Se peut-il que cinq vice-rois , que le sort a
placés aussi vîte qu'éclosent, du soir au lendemain,
les champignons sur le fumier, dirigent la République
despotiquement à leur gré, sans être réfrénés , ni
par la constitution , ni par les corps législatifs qui
n'osent les contenir ? On ne s'étonne pas moins de
voir, par ces violations et ces attentats préparés ,
une multitude de bons républicains paralysés , bâil-
lonnés , désarmés depuis long-temps. Il n'y a que
la patience et l'espérance d'un avenir plus heureux
qui

qui puisse calmer les douleurs publiques ; chaque jour, dans cette attente, les misères augmentent, les pertes se multiplient, les ressources s'épuisent, l'affliction abat, le courage s'éteint. La liberté, la volonté de bien faire sont comprimées. Personne ne peut ou ne veut secourir le gouvernement. Le droit de penser, d'écrire, de publier son opinion ou sa plainte, si juste ou utile qu'elle soit, n'est pas libre. On rougit à l'examen des trois *embrions constitutionnels*, et l'on se demande sans cesse comment *la nation, la plus ingénieuse de l'Europe*, ait pu, en l'an 3, d'après une seule lecture sénatoriale, jurer de se soumettre et d'exécuter de telles lois, que les mandataires de la nation violent les premiers.

La souveraineté nationale, l'unité, l'indivisibilité de la République, par-tout affichées, sont aussi nulles que les constitutions.

Tous les principes d'un bon régime sont méconnus, renversés. Les lois quotidiennes et versatiles du sénat s'opposent à toute existence. Nulle des vingt polices ne s'exerce selon le devoir. La judicature, qui doit s'appuyer sur de bons codes, ne sait que faire. Le commerce, qui est anéanti, ne peut se relever des pertes qu'il essuie journellement, que par le retour de la paix. Nulles ressources ne s'aperçoivent pour le soutien de la masse intégrale du peuple souverain. Chez lui *l'union*, la *fraternité*, la *cordialité*, la *sociabilité*, l'*égalité*, l'*identité*, l'*humanité*, l'*hospitalité*, la *bonté*, la *moralité* s'évanouissent. La *liberté* civile individuelle ou personnelle, quoique assurée par la constitution, est en *divorcité* perpétuelle, aussi bien que celle de la *presse*. Le liberticide et l'immoralité font des progrès effrayans. La garantie de tel qui n'a pas émigré, n'est reconnue qu'autant que l'olygarchie a désigné l'émigré, par certificat ou par un emploi, *patriote et actif citoyen républicain.* Il n'est ni code civil pour règle de conduite, ni institutions suffisantes, soit pour le temps présent, soit pour la *postérité.* La *sureté* personnelle, la *propriété* des biens et des talens, la *nativité,* l'*hérédité,* la *consanguinité,* l'*affinité* graduelle, la *conjugalité,* la *fidélité,* la *sincérité,* l'*équité,* la *vérité* ne sont aujourd'hui, dans la *société,* d'aucune estime, quoique la *nécessité* de ces vertus soit jugée indispensable par la constitution même. L'*inviolabilité,* dans les premières places, voudroit bien s'y affermir sans répondre des plus hauts crimes, que l'orgueil, l'improbité, le mensonge et la mauvaise foi font commettre avec persévérance contre la patrie; mais ses dangers, toujours pressans, rejettent avec indignation toute impunité, quand les réactions dans l'intérieur se renouvellent sans cesse, et qu'à l'extérieur, en moins de six mois, sept Républiques créées par la France, lui échappent l'une après l'autre, avec une quantité des plus fortes places, n'aguère conquises en Italie, dans la Romanie, Naples, le Mantouan, le Milanois, le Boulonnois, le Parmesan, le Modenois, la Toscane, la Ligurie, le Piémont, l'Helvétie, la Hollande, dont le dégarnissement de cinquante mille Français, a soudain provoqué l'invasion des Anglais et des Russes. Il paroît même aujourd'hui que le directoire Batave se régloit sur celui de

France depuis long-temps, par les trahisons, pour perpétuer la guerre.

Tandis, enfin, que la patrie verse son sang au dehors et au dedans, la chouannerie vendéenne assaillit, ravit et décime en détail tous les jours les meilleurs et les plus paisibles républicains. Comment l'invigilance et l'insouciance des autorités constituées les livre-t-elle aux jugulations et au pillage des sicaires royaux ? Tant et de si grands maux, seroient-ils arrivés, si elles eussent été sensibles ou excitées à remplir les devoirs qui leur sont marqués ? On ne voit point qu'elles se soient mises en permanence ni en comité pour chercher les moyens d'en arrêter le cours. Et cependant l'on sait que beaucoup d'adresses des départemens leur en ont fait inutilement des plaintes. Des mandataires qui étouffent les cris du public, ne font-ils pas présumer dès-là, qu'ils sont eux-mêmes adhérens et complices des auteurs de ces insurrections infernales, puisqu'ils n'en ont pas même demandé raison au directoire ? Pour en venir à de tels soulèvemens, il faut qu'il y ait eu avant de grands mécontentemens. Le royalisme n'est pas la seule cause d'une guerre civile, et des atrocités inouies qui se renouvellent sans cesse dans le sein de la France; mais telles que soient ces causes, c'est bien le cas de proclamer la patrie en danger, quand ses enfans se détruisent entr'eux, et la déchirent, au lieu de tourner leur fureur contre l'ennemi étranger.

Tant que les conseils et les autorités secondaires seront divisés et ne marcheront pas de concert, en se surveillant pour arriver au port du salut et de la paix , il n'en résultera que des maux , et des maux sans fin.

Se peut-il, disoient les habitans de Saintes , il y a peu de jours , dans leur adresse aux cinq-cents , *que les républicains soient réduits à vous demander où nous allons ?.... Que l'on propose à votre tribune de déclarer la République en danger , et que vous hésitiez d'en faire la proclamation, après onze ans de révolution et dix de conquétes ?.... Sont-ils de bonne-foi ceux qui vous disent que cette proclamation rendroit les foibles timides et les timides foibles ?.... Tout n'indique-t-il pas que nous sommes entraînés vers des extrémités effrayantes ?.... Et ne vous souvient-il plus des miracles qu'a déja enfantés une pareille position ?.... Qui a produit le courage et la force des habitans de la Haute-Garonne, si ce n'est la certitude de leur danger ?.... Songez-y bien. Si vous ne sauvez pas le peuple, il se sauvera lui-méme.,.. Mais calculez les suites d'un tel besoin, pour nous et pour votre mémoire.*

Non, le peuple ne se sauvera pas tout seul. C'est BUONAPARTE qui aura la gloire immortelle de dicter la paix en Occident , comme il l'a déja fait en Orient. Sa présence inattendue étonne la patrie autant que ses amis et ses ennemis. Son histoire devance tous les historiens. En trois ans il aura déja vécu trois siècles pour le souvenir de la postérité. Ne blessons pas sa modestie. O ma patrie , console-toi, ta guérison est proche. Les grands médecins vinrent toujours de l'Arabie et de l'Orient !

Louanges à vous, Jourdan , Augereau, Massena,

Championnet, Moreau, Bernadotte, Brune, Lecourbe, Ney, Pérignon, S. Cyr, et tant d'autres qui êtes et qui furent, par vos efforts, les provocateurs de la gloire et de la paix, malgré les traîtres et leurs trahisons ; c'est de vous et des intrépides que vous commandez, que la France espère maintenant le salut, puisque les adresses de ses départemens ne sont pas écoutées.

De deux choses l'une : Ou nos *législatures* ont des moyens certains de sauver la patrie de ses dangers pressans, ou plus surement elles n'en ont pas. Dans le premier cas, tous les départemens les pressent par leurs plaintes de les indiquer et de les employer. Dans le second, ces législatures réduisent la nation à l'indignation et au désespoir en leur reprochant, 1°. la violation de la constitution de l'an 3, dans la plupart de ses 377 articles, ainsi que de leurs propres lois ; 2°. l'inexécution de leurs promesses solennellement proclamées; 3°. l'irrégularité du régime des finances nationales qui sont le régulateur principal d'un Empire ; 4°. l'impunité des trahisons, des dilapidations, des grands coupables, ce qui fait au moins présumer des intelligences avec eux, quand on ne les voit point poursuivis ; 5°. l'aliénation à vil prix et sans autorisation, même jusqu'à l'épuisement presqu'intégral des immenses propriétés, réservées de la nation, en domaines si considérables, que nul Etat de l'Univers n'en a jamais eu de semblables ; 6°. l'obstination à s'écarter de plus en plus des principes reçus des sages gouvernemens ; 7°. l'établissement arbitraire et despotique de fêtes ridicules et ostentatoires, aux-

L 3

quelles le peuple semble ne pas prendre part , par la raison que les frais de ces fantastiques nouveautés d'apparat, ne se font sans utilité qu'à ses dépens ; 8°. l'insouciance de la misère publique est telle dans les législatures et les corps constitués, que plus le danger de la patrie grandit, moins elles s'excitent au travail et à la permanence ; car les décades et les demi-décades, point de conseil , point de séances, point de lois, point de résolutions pour l'Etat , qui d'ailleurs gémit souvent de leur éphémère versalité et de leur incongruité dans les maux les plus urgens ; 9°. l'impudeur de s'attribuer long-temps le double d'honoraires fixés par la constitution , à raison sans doute de ce qu'elles ont plus de travail dans le temps que la misère se généralise , o u qu'elles croient moins en avoir ; et certes c'est alors qu'elles devroient tenir des séances quatre heures du matin , et autant le soir de chaque jour, si elles avoient le zèle et la fidélité de remplir leur devoir envers la patrie; mais leur mauvais exemple corrompt ensuite les administrations qui les imitent. 1°. La constitution a eu raison de ne reconnoître *ni vœux religieux , ni aucun engagement contraire aux droits naturels de l'homme ,* (ce sont ses termes,) pour abolir l'abus abominable de la nullité des moines dans la société générale ; cette même constitution , toute insuffisante qu'elle est pour la République française , n'a pas eu du moins l'audace comme nos gouvernans de proposer sa loi textuelle, au-dessus des lois divines, de substituer les décades au dimanche , d'abolir le culte catholique, de profaner ses temples, de les piller , dépouiller et renverser. Y a-t-il un état dans l'univers, qui n'ait une religion dominante ? Où trouvera-t-on une plus belle morale, une police plus saine, plus salutaire que celle de l'évangile ! qui doit juger les croyans et les mécréans, et s'accomplir jusqu'au dernier *iota* de son contenu. Est-il donné à des législateurs temporels par accident, de se mêler d'autres choses que de faire des lois civiles et politiques pour l'intérêt des Français ? Certainement la constitution ni le vœu des départemens ne les ont point autorisés à faire tout le contraire de leur mission. Qu'ont gagné les Français aux fantasques mutations calendriques, aux philantropiques régénérations des rêveries du paganisme ? N'est-ce pas vouloir démoraliser la nation, d'établir le désordre, corrompre les mœurs, provoquer le liberticide, propager tous les vices avec l'injustice, et faire triompher le divorce. De la tolérance, d'abus anciens, qui pouvoient toutefois se réformer facilement, il résultoit du moins des biens pour l'humanité souffrante : mais du régime d'aujourd'hui, on ne recueille que des maux innombrables et inextricables.

Qui ne s'indignera de ne point voir de régime s'organiser dans la République depuis onze ans ? nuls conseils ne marchent sur la même ligne, par la désunion des parties qui s'entrechoquent sans cesse. Pendant ce temps-là les prédictions, les délations journalières des publicistes, les plus patriotes se vérifient et s'accomplissent sur une infinité d'objets majeurs.

Les pauvres artistes chargés d'enfans et sans travail, persécutés par la faim, la soif, la nudité, l'anxiété continuelle sur l'avenir , se désespèrent , s'abreuvent de larmes chaque jour. Les rentiers gémissent de n'être payés ni en gros ni en détail, des vaines promesses qui leur ont été faites par le gouvernement ; la misère publique se propage et se généralise en tous lieux , avec la mendicité la plus affligeante. Les hospices et les hôpitaux qu'on ne paie ni alimente depuis long-temps , ne peuvent fournir aux malades , aux moribonds l'assistance que leur doit la nation présente , par les legs pieux qu'avoit fondés pour eux la nation antérieure. Les subsides croissent à raison des besoins , et ne suffisent pas aux magnanimes combattans. Ni lois répressives , ni police , ni justice , ni commerce , ni industrie ne s'exercent ; les pertes grossissent chaque jour. La jeune population tutélaire s'énerve , s'affoiblit , se décourage , périt , et aux yeux du plus grand nombre de nos législateurs qui ne se montrent pas bénévoles , la patrie n'est point en danger ni même *agonisante* , quand elle est déchirée par lambeaux au-dehors et au-dedans, par quatre guerres différentes qui l'épuisent ! Certes , la vue de la majorité seroit bien plus courte que celle de la minorité de nos représentans , si cela n'étoit pas mille fois *certioré* , et il n'est pas moins malheureusement *certioré* qu'il a paru , depuis 1792 , de plus grands traîtres , de plus effrontés scélérats qu'on n'en vit alors , qui restent impunis , innocentés par la *majorité* , au grand étonnement de la nation.

Mais pourquoi la proclamation du corps législatif promettoit-elle vainement au peuple le 18 prairial an 7 , *que la loi mettroit les coupables sous la main de la justice*, et qu'il n'y sont pas encore ? Un corps entier qui ne remplit pas ses promesses envers la nation, sa souveraine, se met lui-même au-dessus de la loi, si ce n'est même hors la loi, dès qu'il entreprend d'innocenter et de rendre inviolables des infiniment coupables, que *deux mois auparavant il avoit renversés et fait descendre du fauteuil directorial* ; ces coupables que la voix publique accuse d'avoir tramé, machiné, préparé la coalition de longue main, pour perpétuer la guerre, d'avoir dévoré la population républicaine de sept nations, d'avoir ruiné leurs trésors, fait assassiner ses armées, après les avoir affamées et réduites à mendier dans les cités, appellent la vindicte nationale.

La cause de la patrie ne méritoit-elle point *l'examen sérieux* de ces accusations, vraies ou fausses, par ses mandataires ? Seroit-il indifférent cet examen, si les mêmes infiniment coupables avoient, par suite de leurs desseins dégarni la Hollande de cinquante mille Français, pour y laisser venir les Russes et les Anglais ? si ces infiniment coupables n'eussent comprimé les efforts de la République, pourquoi le corps législatif les auroit-il fait descendre du fauteuil directorial ? Rien ne doit se faire sans cause légitime et raisonnable. La République a demandé son salut à ses mandataires, et ils le lui ont refusé, à l'exception de cent soixante-onze, parmi ceux-ci, Jourdan a requis que la patrie fût déclarée en danger. Bigonnet a démontré : « qu'entre les » époques du 18 fructidor et 30 prairial, le directoire » *avoit préparé le déshonneur et la destruction de* » *la République* ; que 3 mois non encore écoulés

» depuis que le corps législasif a fait un appel à
» la nation entière , les républicains se sont levés...
» Mais que le directoire nouveau se plaçant au-
» dessus de l'autorité, a voulu limiter la presse,
» faire arrêter des écrivains, violer la liberté et
» la constitution, en leur portant la plus scandaleuse
» atteinte... Croit-il ne faire la paix au-dehors
» qu'en comprimant la pensée, qu'en mettant les
» presses à la merci des agens de la police,
» et veut - il faire du peuple Français un peu-
» ple d'automates. Certes , les représentans du
» peuple ne sont pas disposés à jouer un rôle dans cette
» scène d'ignominie. Quand la patrie court les plus
» imminens dangers , on fait tout pour refroidir
» les ames et paralyser l'énergie républicaine. Il
» demande qu'on donne au peuple une garantie des
» droits qu'il a de parler , d'écrire, de se réunir,
» que la discussion s'ouvre aujourd'hui (21 fruc-
» tidor an 7 ,) et continue tous les jours impairs
» sur les réunions politiques et la liberté de la
» presse ; proposition généralement appuyée.

» Bertrand (du Calvados) , ajoute que depuis le
» 30 prairial , le corps législatif dont il est membre,
» et le directoire nouveau avoient promis au peuple
» *que les dilapidateurs seroient punis* , disons - le
» avec douleur, pas un seul n'est en face des ju-
» ges ; vous aviez appelé les républicains à se réunir ,
» et faute d'une loi organique , vous les abandonnez
» aux manœuvres des traîtres, des voleurs, des
» olygarques et des royalistes, ce n'est pas ainsi
» qu'on obtient la confiance..... Vous n'aurez ni
» finances , ni armées , ni victoires, en substituant

» les lois à l'arbitraire de quelques hommes. Ranimez
» l'esprit public ; faites cesser la sombre inquié-
» tude qui abat les ames, faites et faites promptement
» les lois dont la constitution a posé les bases ;
» organisez les réunions républicaines, de manière
» quelles ne puissent faire le mal et quelles aient
» toute la latitude possible pour faire le bien. Le
» royalisme est organisé, il pille, il assassine, il
» incendie, il viole ; opposez-lui les réunions répu-
» blicaines. Vous n'obtiendrez des contributions,
» des armées, des victoires, qu'à force de travail.
» Vous êtes ici par et pour le peuple, consacrez-lui
» donc tous vos momens. Je termine par vous pro-
» poser un arrêté qui fixe la séance de chaque
» jour à dix heures. » On adopte l'arrêté ; et les
choses n'en vont pas mieux qu'auparavant, ce
qui ne donne au peuple français aucun point d'u-
nion ni de ralliement sur le redoublement du danger de la patrie.

Cependant, le 2 vendémaire an 8, *Garau* a
donné lecture du projet adopté en principe avant-
hier, « par lequel *sont déclarés traîtres à la patrie,*
» *et seront punis de mort, tous les négociateurs ,*
» *généraux, ministres, directeurs, représentans, ou*
» *tels autres citoyens Français , qui accepteroient ,*
» *proposeroient , appuieroient des conditions de*
» *paix , tendant à modifier, en tout ou en partie ,*
» 1°. *la constitution de l'an 3 ; 2°. à altérer l'in-*
» *tégralité du territoire Français ,* tel qu'il est
» déterminé par la constitution et les lois de réu-
» nion. » Voilà déja une digue contre le nouveau
directoire et ses satellites.

(172)

Jard Pauvilliers tente d'excepter les représentans de cette mesure, sous prétexte qu'ils sont inviolables pour leurs opinions, aux termes de la constitution. Garau lui répond *qu'un représentant ne sauroit être inviolable pour crime de trahison*, et le conseil adopte la rédaction de Garau.

Le journaliste que nous avons souvent cité, ajoute: *pour que le directoire n'abuse pas, il faut qu'il ne puisse abuser que très-difficilement, et jamais impunément, car s'il le peut sans cesse, il le voudra souvent.* Nous dirons aussi, que ni la nation, ni la constitution même qui lui donne déja trop d'autorité, ne peuvent lui confier le droit de guerre et de paix, pour en disposer à son gré. L'expérience du passé a déja trop prouvé, qu'il se place et replace au-dessus de l'autorité, pour réorganiser la tyrannie en violant la constitution. C'est bien assez de trois vice-rois au pouvoir exécutif, et deux sont de trop. La responsabilité indispensable lui ôte nécessairement sa prétendue inviolabilité dans tous les cas.

Eh bien! cette résolution, prise unanimement aux cinq-cents contre le directoire, qui le croiroit? n'a point été sanctionnée au conseil des anciens, mais par lui rejetée, et l'on apprend que l'ex-conventionnel Porcher fut un de ceux qui la combattirent, et qu'hier 8 brumaire an 8, il trouvoit à la tribune le moyen de consacrer, dans une seule phrase, l'éloge de Carnot, de Pichegru et de Boissy-d'Anglas. O Patrie! voyez à quoi vous sert et à tous les Français le conseil des anciens, et tirez la conséquence en preuve de ce qui est allégué partout.

Dernière Adresse des habitans de Grenoble , département de l'Isère , au corps législatif des cinq-cents , insérée dans la feuille de l'Ennemi des oppresseurs de tous les temps , du 4 brumaire, huitième année républicaine.

CITOYENS LÉGISLATEURS,

La majorité du conseil des cinq - cents , **en** passant à *l'ordre du jour* sur la proposition, *la patrie en danger*, n'a jugé autre chose, si ce n'est l'inutilité de déclarer *en droit*, ce qui *existe* malheureusement *en fait*. (1).... Nous *déclarons* avec, la franchise qui caractérise la vraie liberté, que nous ne considérons , dans les motifs secrets qui ont fait rejeter la proposition, qu'une *seule* crainte , celle de voir mettre en jugement les grands coupables qu'on a *voulu sauver*.. (2)

Quoi qu'il en puisse être , les dangers de la patrie sont réels , tout, (5) jusqu'aux actes du corps légistatif et du directoire exécutif, le *prouve* d'une manière *positive*.

---

(1) Ainsi que l'ont avoué par-tout, et *déclaré* solennellement à la tribune, ceux-là mêmes qui n'ont pas voulu faire de cette *déclaration* un décret, seul moyen cependant de la rendre utile.

(2) Et cette *volonté* même qui entre pour beaucoup dans les *dangers de la patrie* dont elle offroit d'ailleurs une trop irrécusable preuve.

(3) Et doublement *déclarés* par ceux-là sur-tout qui ne voulurent pas que le *conseil* les déclarât.

Si les hommes *adroits* , qui paroissent aujour-d'hui influencer la majorité des conseils , osoient encore élever la voix , pour nier l'évidence, nous à cette majorité : examinez la résolution prise aux cinq-cents, (1) dans la séance du sixième jour complémentaire de l'an VII , sur la motion d'ordre de votre collègue Garau. Quoi ! vous êtes forcés de déclarer traître à la patrie tout négociateur, gé-néral , directeur, ministre, représentant du peuple et autres, qui oseroient recevoir ou appuyer des propositions de paix, tendantes à modifier la cons-titution de l'an III, ou à porter atteinte à l'inté-gralité du territoire français ! Et *la patrie,* ditès-vous, *n'est pas en danger ?*

Représentans , cette proposition prouve plus elle seule, *l'existence* des dangers *imminens* dont la République est menacée, que tout ce qui a eu lieu jusqu'à présent.

Il est donc *vrai* qu'il *existe* des hommes qui n'ont pas craint de laisser pénétrer (2), dans leurs pro-jets , atrocement conçus, cette arrière pensée, de modifier la constitution de l'an III , atrocement conçus , autrement que par la révision voulue par elle ; il est donc vrai aussi qu'il en *existe* qui

---

(1). A l'unanimité.

(2) Ils l'ont hautement manifesté ; leurs manœuvres de tout genre tendent évidemment vers ce grand but ; et leurs journaux, qui veulent *quelquefois* le dissimuler, le signalent mieux que s'ils le montroient sans cesse.

veulent vendre (1) aux *rois* une partie du peuple français et de son territoire, comme ils ont *vendu* ses alliés d'Italie et la flotte batave.

'Représentans,... déclarez à l'Europe, que vous *maintiendrez* les traités solennels qui vous lient avec les restes malheureux de ces peuples, victimes de leur dévouement à la cause de la liberté, autre-ment, attendez-vous à stipuler, par la force même des circonstances, la honte des Français, avec la chûte irréparable de la République.

Législateurs, il est aujourd'hui bien dévoilé ce plan de quelques hommes atrocement fameux par leur machiavélisme! Ne vous laissez plus abuser par les prestiges de leur politique infernale. Ouvrez enfin les yeux, ou bientôt, après avoir sacrifié les Républiques alliées, pour augmenter les forces des ennemis communs, sous le prétexte d'obtenir une paix nécessaire, en nous retirant dans nos anciennes limites, ils viendront vous dire que les rois exigent à main armée que la France république redevienne France monarchique. Et s'ils ne vous le disent pas, dans la *crainte* d'être déclarés traîtres à la patrie, les rois eux-mêmes vous le diront, (2) en faisant avan-

----

(1) Quand on s'est *vendu* soi-même, on n'est que trop disposé à tout *vendre ;* c'est même communément à cette condition qu'on est *acheté.*

(2) Dans les premiers jours de vendémiaire an 8, époque où les douze cents républicains, signataires de cette *énergique* adresse, versaient au sein des représentans du peuple leurs sollicitudes alors si naturelles, et que ceux-ci partageoient, l'on ne pouvoit deviner le retour imprévu de Buonaparte, ni les victoires non moins inattendues de Massena, de Brune, de Lecourbe, de Ney, et autres ; et ces félicités inespérées, en déconcertant un peu les impatientes espérances des traîtres, ont dû rassurer en partie les patriotes de Grenoble, qui en concevoient de si justes alarmes.

cer leurs armées sur votre territoire *et le nôtre.*

Nous savons que de toutes parts on répète que la Prusse, gardant la neutralité, a intérêt de maintenir la balance politique de l'Europe, et que sa sureté personnelle lui commandera de s'opposer à l'invasion du territoire français, pour ne pas être envahie à son tour.

Sans doute, si le gouvernement prussien entend bien ses vrais intérêts, il reconnoîtra que la France est son alliée naturelle ; mais ce qui est politique pour l'intégralité du territoire, l'est aussi pour la *forme du gouvernement.* (1) C'est-là, législateurs, le vrai mot de l'énigme ; c'est-là où l'on veut amener le peuple Français, et quand on y sera parvenu, on lui déclarera hautement que la France république ayant fait chanceler tous les trônes, les monarchies ne doivent plus s'exposer à de pareilles chances : alors, il faudra ou recevoir le joug ou reprendre les

----

(1) Il y auroit de la folie à supposer que les rois et les amis des rois se soient élevés à la hauteur d'une politique aussi généreuse ; et si quelques bonnes gens s'aveugloient et s'obstinoient au point de le croire ou dire encore, ce ne seroit assurément pas la faute , soit des événemens mêmes et de toutes les circonstances qui nous entourent , soit des ex-directeurs et complices , qui firent tout pour nous amener le changement desiré et *convenu* , soit de leurs continuateurs divers qui ne se cachent guère, soit enfin de cette foule d'hommes plus ou moins influens , qui n'ont pas une habitude, ne disent pas une parole , n'écrivent pas une phrase qui ne décèle en eux le desir , ne confesse le projet, ne tende à nous persuader l'extrême utilité du *grand perfectionnement* qui plairoit tant aux olygarques , et souriroit aux amis des rois , dont il caresseroit l'espoir actuel, pour satisfaire bientôt à leur dernière pensée.

armes ;

armes ; mais en ce dernier cas , la France république épuisée en population et en ressources finan-
cières , divisée au-dedans par les factions qu'on
alimente , justement exécrée par les peuples qu'elle
(1) aura sacrifiés, se trouvera elle-même livrée ; et
au milieu de ses déchiremens convulsifs , elle sera
forcée de regarder comme un bienfait les fers qu'on
voudra lui donner......

Pourquoi ne donne-t-on pas à la France cette
attitude imposante qui lui convient ? Pourquoi tous
les crimes de lèse-nation restent-ils impunis ? Pourquoi nos armées sont-elles abandonnées au milieu
de toutes les privations ?..... Pourquoi la désertion
est-elle toujours à l'ordre du jour ? Pourquoi les
chevaux de l'artillerie et de la cavalerie meurent-ils
de défaillance ? Pourquoi , faute de bois et de lumières , le soldat est-il contraint de jeter la ration
de viande qu'on lui donne ? Pourquoi le gouvernement est-il sans cesse en guerre ouverte avec ceux
qui veulent sincèrement la République et le triomphe
de la constitution actuelle ? Pourquoi n'organise-t-on
pas les sociétés politiques ? Pourquoi diffère-t-on de
prononcer sur les abus de la presse ? Pourquoi souf-
fre-t-on que le directoire étende sa force par la juris-
diction militaire , et ose provoquer une loi, traduire

---

(1) Ce ne seroit pas à elle sans doute, ce seroit à ceux qui
l'auroient si mal gouvernée qu'il faudroit s'en prendre de tant de
malheurs et de crimes ; mais ce n'en seroit pas moins elle , qui , pour
surcroît de maux , recueilleroit la haine universelle , en retour
de ceux dont elle auroit , en son nom , accablé les autres
peuples.

M

devant des commissions tous ceux qui ne courberont pas humblement la tête devant l'arbitraire ? Pourquoi la loi sur les ôtages, au-lieu d'être un bienfait, n'est-elle qu'une arme de plus dans les mains de nos ennemis ? Pourquoi laisser renaître la Vendée royale ? Que de choses il y auroit encore à dévoiler ! Mais vous les connoissez toutes ; et dans votre impuissance, vous expliquez comme nous, le vrai mot de l'énigme : c'est que tout est organisé pour désorganiser ; et quand il ne restera plus aucun moyen de résistance, nous verrons paroître au grand jour le plan de la royauté dite constitutionnelle, environnée des conseillers qui auront médité et exécuté le projet ; ou bien, ce qui est la même chose, si ce n'est pas plus dangereux pour la liberté publique, une sorte de gouvernement olygarchique, plus tyrannique que la royauté.

Législateurs, ... recevez le serment que nous faisons dans vos mains, d'exterminer tous les tyrans, tous les usurpateurs de la liberté française, sous quelque masque qu'ils puissent se montrer. . . . . .

Nous jurons aussi de mourir pour le *maintien de la constitution de l'an 3*, et de nous opposer à toutes modifications aux règles établies par elle pour la révision.

Maintenant que nous vous avons rendu les dépositaires de nos sermens solennels, nous vous déclarons, nous déclarons à tous le Français et à tous les peuples de la terre, que nous nous opposons et opposerons à la Vendée royale et olygarchique, une Vendée républicaine pour soutenir *votre existence, la nôtre,*

*celle de tous les républicains, et l'indépendance com-
mune.*

Pères de la patrie! ouvrez les yeux sur l'abyme
profond où l'on veut nous précipiter avec vous;
il en est temps encore......Loin de nous la pensée
d'entraver l'autorité constitutionnelle ! Nous la res-
pectons; mais aussi que les pouvoirs la respectent
eux-mêmes; car s'ils sont les premiers à n'user de
la puissance que pour en abuser, ils nous dégagent
par-là même de notre obéissance, et nous restituent
le droit de veiller au maintien de notre indépendance. Vive la République et la constitution de
l'an 3 !

A Grenoble, 8 vendémiaire an 8.

Suivent douze cents signatures en douze pages.

Dans la situation présente de la France-répu-
blique, toujours en guerre forcée, pour maintenir la liberté de ses habitans, à laquelle la
constitution de l'an III et les lois postérieures
s'opposent, il y a nécessité majeure de gouverner *militairement* durant le temps d'hostilité,
pour accélérer la paix, si ardemment aspirée des
nations pour leur repos. Tout contraint à prendre
cette mesure de sureté et de salut public, qu'on ne
doit attendre jamais ni des conseils, ni du directoire, ni des ministres actuellement en place, encore moins de la constitution régnante, par grand
nombre de raisons appuyées sur l'expérience. 1°. Les
adresses de laplupart des départemens pour décla-

.rer la patrie en danger imminent, n'ont pu déterminer les autorités d'écouter les cris ni les plaintes
de la nation. 2°. Le refus de mettre en jugement
les grands déprédateurs, les hauts criminels de lèse-
nation et les forfaiteurs, après l'avoir solennellement
promis. 3°. La violation du plus grand nombre des
titres et articles de la constitution, par eux mille
fois jurée et parjurée. 4°. L'insouciance à réfréner
l'empiétement du directoire, sur cette constitution,
dans les points les plus clairement exprimés.
5°. L'obstination à ne pas laisser les sociétés politiques s'organiser librement, pour secourir l'Etat,
conjointement avec la liberté de la presse. 6°. L'insouciance à prévenir les réactions des guerres civiles des
Chouans, qui se renouvellent sur un grand nombre
de points à-la-fois dans l'intérieur de la République,
du midi à l'ouest, sans en demander raison au directoire, ni le mander à la barre, quand les départemens en font des plaintes déchirantes. 7°. L'autorisation du désarmement, et la défense du port
d'armes aux républicains, est d'autant plus injuste et répréhensible aujourd'hui, que, contraire
aux droits de la nature et des gens, elle ôte aux
patriotes celui de défendre leur vie, leurs propriétés, leur patrie même, lorsque les enfans
enrôlés et combattant les ennemis du dehors, leurs
pères se trouvent assaillis, pillés, volés, massacrés par
des troupes de royalistes, qui font ouvertement
guerre à mort par-tout où ils se croient assurés
de ne pas trouver de résistance, ce qui n'arrive-
roit pas, si tous les points de la République
étoient gardés par des corps suffisamment orga-

nisés de proche en proche. 8°. L'incurie, l'in-surveillance du complètement et de l'approvi-sionnement de nos armées, bien connu de nos ennemis, prouvé, démontré, par nos généraux Jourdan, Championnet, Massena, et autres, qui, pour cette raison, ont plusieurs fois demandé leur démission, lorsqu'il suffisoit, pour s'en assurer, de vérifier les états, sans s'en rapporter aux infidèles évasions du directoire, sur des points si graves, si capitaux, si nécessaires à la sureté de la France. 9°. Le déplacement sans motif de Bernadotte, parce qu'il réformoit les désordres établis dans l'étendue de son ministère, avant qu'il l'eût accepté. Tout cela, et mille autres faits de la plus grande conséquence, exige impérativement que, pour hâter la paix, le gouvernement *devienne* provisoirement *militaire* pour le *salut public*, en dépit de ceux qui ne veulent pas sauver leur patrie, et se prétendent inviolables, sous le faux régime d'une constitution avortée, au-dessus de laquelle ils se placent, pour la fouler elle-même à pieds joints.

La nation, par l'obstination de la majorité de ses mandataires étoit réduite à ce triste adage : *ultima necessitas audere cogit*. Maintenant le Dieu des armées rappelle la victoire dans les camps des Français ; les coalisés se désunissent, frappés d'étonnement et de vertige. Leur ambition rabieuse les va contraindre à redemander la paix qu'ils avoient rejetée, et ce sera le héros d'Orient qui la leur dictera désormais pour le repos des nations Européennes. AMEN. TE DEUM LAUDAMUS. . . *Salvum fac populum tuum , Domine , et benedic hœreditati tuœ.*

LE PREVOT BEAUMONT , ressuscité de cinq tombeaux , après vingt-deux ans quelques mois de tortionnaire et injuste captivité , auteur de l'ébauche , au Donjon de Vincennes , de l'ART DE RÉGNER , mis au jour depuis six à sept ans , sans sa participation , en sept volumes in-8°. , ni en avoir pu jouir d'un seul exemplaire , quoiqu'il existe de l'aveu des libraires qui l'ont vu ou vendu.

Paris , 12 brumaire , an 8 de la République, Maison de France , rue de Seine-Germain , N°. 115.

N O T E additionnelle à la Colonne des Lois.

(*) Nous succombons aujourd'hui sous le poids écrasant de l'antinomie, qui signifie contrariété des lois, suivant *l'excellent auteur (Reicrem)*, dans le Postillon de Calais, 5 brumaire an 8 : Il est impossible, dans le commencement des grandes révolutions, d'échapper à *l'antinomie ;* c'est ce qui les rend terribles ; mais à musure que l'on avance, on se sent froissé ; et l'on regarde, avec une sorte d'effroi, son propre ouvrage. C'est ainsi qu'après avoir guéri d'une maladie, il faut encore guérir des remèdes que l'on a pris.

Point de milieu : la loi fait le plus grand bien ou le plus grand mal. La dignité de l'homme est dans la perfection des lois politiques ; mais sa crainte, sa foiblesse, son inexpérience lui font bâtir en même temps une foule de petites lois qui détruisent, pour ainsi dire, l'effet des lois grandes et solennelles. Il a voulu éviter la servitude, il s'y replace par une accumulation de vains et futiles réglemens.

Ces réglemens sont des lois, car ils vous contraignent de même. Les têtes étroites tombent incessamment dans le régime réglémentaire : *c'est le poison de la liberté.* Ces réglemens prohibitifs sont, aux lois politiques, ce qu'est une armée de sauterelles dévorantes au repos d'un lion superbe. Mais lorsque toutes ces petites lois sont, non-seulement mauvaises, mais encore se contrarient entr'elles, les belles lois politiques en sont tout à fait ob-

scurcies ; et s'il n'est rien dans la nature humaine
où brillent , où éclatent davantage le génie , la force,
l'intelligence de l'homme, que la science, qui lie
les différentes parties de la société , qui la réunit
sous des lois qui en deviennent le lien et l'appui ;
qui, par un heureux accord , marie toutes les
connoissances , toutes les ressources de chaque citoyen , de chaque ville , pour refluer ensuite, de
ce centre admirable , sur les différens membres de
l'Etat, et qui, de cette protection première , passe
à celle qui lie un peuple à d'autres peuples, et, par
ses correspondances, augmente le bonheur de tous,
double leurs richesses, et sur-tout leurs connoissances
utiles ; il n'y a rien aussi de plus dégradant que
ces petites lois minutieuses , emblème de la tyrannie, qui pèsent sur votre personne , arrêtent
vos pas, épient toutes vos actions, prennent votre
temps , fatiguent votre existence , et vous com-
mandent d'aimer la liberté, de l'idolâtrer., et de lui
rendre hommage , du même ton qu'elle vous défen-
droient le crime et la rébellion. Les vents les plus
insupportables sont ceux qui retroussent les habits,
disoit un ancien.

L'homme est, à la fois , créateur, inventeur,
constructeur, réformateur ; mais ce dernier titre est
le plus beau de tous, en ce qu'il annonce un plus
haut degré d'intelligence. Soyons donc réforma-
teurs de l'*antinomie.* Et de quoi serviroit-il à l'homme
d'avoir conquis la liberté politique, si la liberté civile étoit entravée de mille manières, s'il restoit
dans l'imperfection absolue des choses usuelles, s'il
se voyoit tout à-la-fois vainqueur et esclave, fai-

sant reculer ses ennemis extérieurs, et soumis à la verge honteuse d'une petite magistrature honteuse, d'une petite magistrature bizarre et inconnue ? car les vexateurs vous tourmentent toujours d'un code ignoré.

C'est parce qu'il y a trop de lois fantasques, puériles, misérables, qu'on n'a plus le même respect pour les lois politiques. Et quand ces lois viennent encore à se contredire, on les enfreint toutes selon l'occasion, même en s'y soumettant. Cependant l'habileté de la politique consisteroit à conserver les vertus nationales, sans paroître détruire les habitudes et les goûts communs à toutes les nations. Mais quand il faut, qu'à chaque pas, capituler avec l'ignorance de la sottise, on aime toujours la liberté, sans doute, mais le nom en deviendroit bientôt ridicule, si la chose en recevoit plus long-temps cette foule d'outrages.

Signé, R E I C R E M.

Se mouche d'entre nos sept cent cinquante législateurs, qui se sentira MORVEUX. Pour nous qui voyons en grand les biens et les maux de la République, et qui cherchons, comme les abeilles, les baumes et les fleurs odorantes, dont elles tirent leur miel, nous ne manquerons pas d'en débiter au public, toutes les fois qu'il nous tombera sous la main, ou qu'il nous sera indiqué de si bonnes choses, avec d'autant plus d'avidité et de reconnoissance, que nous ne renonçons pas, malgré notre âge de soixante-quinze ans, d'entreprendre, non plus l'Art de régner, composé en 7 volumes au donjon de

Vincennes (depuis 1770 à 1775), mais le nouvel art de gouverner toutes les Républiques , et tous les Etats de l'univers , quelque dénomination qu'ils prennent sur un plan uniforme , et les principes les plus avantageux à la société générale des nations , n'en déplaise aux potentats qui les gouvernent.

Peut-être même republierons-nous cet Aspect de la France Républicaine , avec de grandes augmentations sur ses quarante colonnes fondamentales , n'ayant passionnément en vue que le bien général de la patrie où nous sommes nés.

*PROPENSION du pouvoir à tout envahir.—
Nécessité de résister à ses entreprises , par l'auteur
du Journal des Hommes , feuille du 8 brumaire
an 8.*

Dans toute société civile , organisée d'une manière supportable , un seul danger menace incessamment la loi de l'Etat et la liberté générale ; c'est cette pente vers l'accroissement du pouvoir , à laquelle résistent peu des hommes chargés de gouverner d'autres hommes ; c'est cette impatience de la règle et du frein , trop inséparable de l'autorité , qui veut avant tout être à l'aise.

Le danger toujours présent que nous signalons ici, s'alimente et s'accroît encore aux jours de la corruption , de deux circonstances publiques , tellement accoutumées qu'elles semblent tourner alors en situation fixe.

L'une est cette incivique apathie , cette irrémédiable frivolité , cette incurie sur la chose commune , rendue naturelle à la foule des gouvernés , qui frappés d'égoïsme , hébêtés de mollesse , trouvent commode de ne s'occuper que d'eux-mêmes et de leurs plaisirs , n'ont pas même assez de force pour penser sérieusement à leurs propres affaires , et n'ont garde de se donner le moindre tourment sur l'affaire de tous.

L'autre est cette ambition dévorante , cette activité

inquiète, cette insatiable avidité des jouissances et d'or, qui travaillent et consument les puissans et leurs ordinaires entours, et qu'ils ne peuvent satisfaire qu'aux dépens de tous les intérêts et de tous les droits, en semant ou prêchant la discorde, et ravageant par la fraude ou la violation de toutes les fortunes.

Avant qu'on en soit là, le simple commencement d'un tel état de choses se fait sentir à l'avance, et se découvre par des pronostics infaillibles et des symptômes assez marqués pour alarmer tous les bons esprits.

Cette dépravation naissante, et les principales causes que nous venons d'y assigner, funestes à toute nation, sous quelque régime qu'on la considère, auroient sur-tout des conséquences pernicieuses et plus promptement mortelles, pour les institutions d'un peuple qui se seroit donné un gouvernement républicain ; car il est, dans la nature d'un pareil établissement public, de ne pouvoir se maintenir et subsister que par le dévouement des citoyens à la chose commune ; d'où il suit que, sitôt qu'elle leur devient indifférente, il s'altère, se décompose, et ne peut tarder à se dissoudre.

Or, ces craintes-là, seroit-il donc, par exemple, déraisonnable de les concevoir chez un vieux peuple, républicain de la veille, long-temps familiarisé à l'entière soumission, et qui, dans la tempête et les divers orages de sa révolution républicaine, auroit vu périr, de cent manières, une portion nombreuse de ses meilleurs hommes, de ses plus énergiques soutiens, dont il sentiroit amèrement la perte, par le besoin et la difficulté de remplir un pareil vide ?

Que seroit-ce si, d'une part, l'on tentoit d'anéantir ou décourager ce qui en reste, et d'empêcher qu'il ne s'en formât de nouveaux ? Et si, de l'autre, on sembloit vouloir *réaccoutumer* le peuple à l'obéissance passive, et le faire insensiblement redevenir aussi nul que nous le vîmes ?

Que seroit-ce, si l'on entreprenoit de l'assouplir graduellement, et de le préparer au retour des priviléges désastreux, des distinctions dégradantes, à l'excès de toutes les inégalités, au révoltant contraste de la vertu proscrite et du vice honoré, de l'excessive opulence, à côté de la profonde misère, du riche fastueux et oisif, foulant aux pieds l'indigence laborieuse, de l'effréné voleur, insultant, par son luxe, à la probité dépouillée et nue ?

Que seroit ce, si l'on s'étudioit à la *réempoisonner* d'erreurs, de superstitions, de mensonges, à la retremper dans les habitudes abjectes, serviles corruptrices ? à la ramollir et l'abrutir encore dans des passe-temps puérils ou crapuleux ? pour redonner à la foule, cette ignorance honteuse de tout ce qu'elle doit savoir, cette stupeur d'insouciance sur ce qu'il lui importe le plus de connoître, résultats non moins infaillibles que déplorables de soins trop criminels ?

Que seroit-ce, si, dans plus d'un lieu, et par suite de ce détestable systême, le vulgaire de tout rang, mais sur-tout l'homme des champs et des hameaux, cette intéressante portion de la grande famille, livrée aux travaux nécessaires, et qui seule nourrit tout le reste, couverte encore de la vieille rouille pénétrée de je ne sais quels regrets, quels souvenirs obscurs, vrais stigmates d'esclavage, mélangée, d'ailleurs, d'hommes plus ou moins influens, intéressés à réchauffer en elle tous les engouemens du temps passé, tous les plus imbéciles entêtemens, dont on l'infatua comme nous-mêmes ; que seroit-ce si cette classe, trop abandonnée à des instigateurs pervers, si malheureuse d'ailleurs, si légérement sacrifiée, si insolemment humiliée, si cruellement dépouillée, à plus d'une reprise, de son pain et de ses droits, avoit pu voir l'original s'égarer au point de redemander ses premiers fers dont l'excès des maux actuels lui eût fait oublier la pesanteur?

Que seroit ce, si, mettant à profit sa lassitude et ses dégoûts, ses calamités mêmes et son désespoir, quelques usurpateurs adroits, quelques imposteurs hardis, émules des mauvais *Césars*, ou fervens disciples de *Machiavel*, méditoient dans le secret de leur cœur, de la déshériter entièrement de ces droits mêmes que nous n'avons ressaisis qu'au prix de son sang, et par la constance de ses prodigieux travaux?

Que seroit-ce enfin, si, d'après tout ce qu'ils osent et au souvenir de ce qu'ils voulurent, comme en écoutant ce qu'ils insinuent ou font répandre, il nous devenoit permis de craindre qu'ils n'aient formé le projet de substituer un gouvernement purement olygarchique, ou même *olygarchico-royal*, à la *démo-*

cratie représentative dont le peuple français voulut offrir au monde le modèle, et de renverser avant peu la constitution républicaine de l'an 5, en rendant également illusoires et vaines, soit les restrictions et les barrières qu'elle oppose à l'envahissement et à tout *empiétement* des pouvoirs, soit les réserves que, dans la générosité de ses concessions, le peuple cependant sentît le besoin de ne pas abandonner sous peine de redevenir esclave, soit enfin les garanties trop peu sûres, peut-être, ou trop mal affermies encore, dont il se plut à entourer ces modestes réserves.

Certes, ce seroit sur-tout alors qu'il ne paroîtroit pas seulement légitime mais obligatoire, indispensable d'aiguillonner sans cesse la paresse des esprits, de relever et solliciter les ames abattues, les cœurs flétris ou tièdes, et d'inviter hautement tous les citoyens, au nom de la liberté publique en péril, à surveiller sans relâche, et dénoncer au besoin, les hommes investis d'une autorité quelconque, dont, à défaut de cette surveillance, il leur seroit trop peu difficile d'abuser impunément pour anéantir ce que tous les citoyens ont fait le serment de conserver.

Et revenant à nos premières pensées, nous dirons que dans une telle position, si les fidèles mandataires du peuple ne donnoient pas l'éveil, si les citoyens généreux ne répondoient pas à leur voix, deux choses favoriseroient éminemment les usurpateurs, et, ouvrant à leurs espérances le champ le plus vaste, les provoqueroient à ne plus mettre de bornes à l'audace de leurs entreprises.

Ce seroit d'une part, cette inertie même et le

découragement absolu qu'elle porteroit dans la masse désormais impuissante, ce seroit de l'autre, l'immoralité profonde, la turbulence déchaînée, et l'impudeur alors sans retenue de toutes les espèces d'intrigans et de frippons, naturellement vendus au pouvoir, et prêts à tout faire pour qu'il leur passe tout.

Celui-ci, en telle occurrence, ne manque jamais, à son tour, de couronner le vice et le crime qui le flattent et le servent, et d'immoler la vertu qui l'importune ou lui fait obstacle.

Il auroit ainsi le plus beau jeu du monde, pour accroître démesurément sa prérogative, et triompher de toute opposition. La plus juste et la mieux fondée, n'échapperoit pas au reproche de *démagogisme* ou *d'anarchie*. Il les qualifieroit ainsi, tant qu'il croiroit avoir besoin d'un prétexte. Bientôt il ne daigneroit pas même y avoir recours, parce que tout ressort seroit brisé, tout principe de vie éteint, et que le corps politique seroit en quelque sorte un cadavre.

La loi essaieroit en vain de se faire entendre; nul ne l'ose invoquer, nul ne l'écouteroit, nul ne voudroit l'entendre, la voilà muette, ou tout au plus, et qui pis est, d'infidèles organes, si le tyran leur commande de la faire parler, lui prêteront un langage convenu, bien assurés de rencontrer assez de lâches qui se soumettront sans murmurer, assez de dupes ou de traîtres, prêts à imposer silence à celui qui murmureroit, assez de complices, offrant le secours de leurs bras contre le *séditieux* qui entreprendroit de résister.

N'avons

N'avons-nous pas vu tout cela avant le 30 prairial? On nous assure que nous ne le verrons plus. Je le souhaite et je l'espère ; mais c'est à condition que les représentans du peuple , sentant bien leur position et la nôtre , reprendront cette salutaire énergie, qui terrassa nos tyrans au jour que je rappelle, et que le peuple lui-même rentrera enfin dans l'exercice constitutionnel de ses droits. Jusque-là , les mêmes dangers , fort mal dissipés, renaissans depuis , et même accrus,, nous menacent encore. Il n'est pas aisé de voir sur quoi l'on se fonde pour nous conseiller une si étrange sécurité. Et , à cet égard , nous dispensant de retracer ici ce que chacun sait , ce que tout le monde condamne , ce qui nous étonne tous , nous nous bornerons à rappeler l'attention de nos lecteurs sur un événement aussi récent qu'inoui jusqu'à ce jour, sur ce que les nouveaux administrateurs du département de la Seine , se sont permis de faire , relativement à la liste des jurés pour le trimestre de vendémiaire , arrêtée et envoyée aux tribunaux par leurs prédécesseurs ! Voyez le reste du rapport du fait dans la même feuille du 8 brumaire année 8ᵐᵉ. républicaine.

Signé , V. R o h o.

Nota de l'auteur de cet ouvrage. *Que nous importe si l'on nous appelle furet, picoreur, glaneur, tant que , sans les chercher, nous aurons à ramasser de si beaux épis pour gerber, grossir nos ouvrages, élargir nos pensées, enrichir les 40 colonnes de la France, nourrir l'esprit public , et lui déclarer ce qu'il ne saura ja-*

mais trop bien. La République ne vaut-elle pas mieux que tous les oiseaux qu'elle nourrit ? Si nous trouvons pour glaner des champs vastes et abondans, des fleurs éclatantes à sentir, des baumes odorans et curatifs des plaies de la patrie, *manquerions-nous de les lui présenter ? C'est un bonheur de les rencontrer , chemin faisant , et nous glanerons toujours ainsi.*

Nous comptons bien sur la haine de tous les tyrans et sur les insultes de leurs valets ; mais faut-il abandonner pour cela la patrie , la République, la vérité et tous les Français ? Non , il faut résister à l'injustice. Les méchans ne sont rien en comparaison de trente millions d'habitans : leur règne sera court, et ne doit être envié de personne. Chacun de nous doit se croire à la fin de son siècle, à la fin des temps où la justice et la vérité doivent se faire connoître ; où le juste et l'injuste recevront leur punition ou leur récompense éternelle , où la justice et la vérité triompheront et écraseront les scélérats de tout leur poids ; où chacun lira d'une pleine vue dans le grand livre l'histoire de sa vie terrestre ; où le Créateur de l'univers exercera sans appel sa bonté , sa justice et sa vengeance, en dépit des orgueilleux , des traîtres , des politiques pervers , des riches mondains , des avares , des assassins , des trésoriers infidèles et insensibles envers les pauvres leurs égaux et leurs semblables :

Jam meâ in fide requiesco.

> La calomnie un moment vous outrage ;
> Tout est de feu soudain pour l'appuyer :
> La vérité perce enfin le nuage ;
> Tout est de glace à vous justifier. *Voltaire.*

Extrait de l'Adresse des républicains de Clermont-Ferrand, département du Puy-de-Dôme, au conseil des cinq-cents, insérée dans le Journal des Hommes, le 11 brumaire an 8.

Citoyens représentans, placés non moins que vous au milieu des dangers, attachés comme vous à la République par tous les devoirs, c'est pour nous une dette sacrée à acquitter comme républicains de vous dire ici des vérités sévères.

. . . .

Lorsque le 7 fructidor, vous déclarâtes qu'il n'y avoit pas lieu à examiner sur la conduite des anciens directeurs, l'opinion des citoyens ne fut pas changée par cet acte négatif. Cette opinion est au-dessus de vous et plus forte que vous. Les hommes absous restèrent diffamés ; mais ce fut un effet infaillible de votre délibération de persécuter les républicains paisiblement rassemblés, de comprimer dans la liberté de la presse la pensée des hommes libres, de rassurer les dilapidateurs, d'ouvrir la porte à toutes les impunités ; peut-être et encore par suite de cet exemple où les lois furent sans force, que le chef-lieu du département du Puy-de-Dôme qui avoit été souillé d'assassinats, à été non moins scandalisé d'un jugement où le crime triomphe.

Nous vous le déclarons, citoyens représentans, il n'est au pouvoir d'aucune puissance de consommer le renversement de la République. Nous oserions vous dire que nous sommes prêts à la sauver malgré vous, si nous n'espérions que vous entendrez nos demandes. . . . .

Nous vous demandons 1°. de poursuivre et de faire punir les traîtres qui ont livré les Républiques alliées et les fripons qui les ont dépouillées ; 2°. d'annuller la nominatiou inconstitutionnelle de Syeyes ; 5°. de renvoyer au conseil des anciens la proposition qui défendoit aux représentans toute participation aux fournitures ; 4°. de lui renvoyer l'adoption des Bouches-du-Rhône , qu'ils ont rejetée sans prétexte ; 5°. de poursuivre par-tout la réforme des autorités corrompues , et d'organiser la répression ainsi que la punition des assassinats ; 6°. de rendre aux réunions des républicains la force et la confiance ; 7°. de laisser à la presse la liberté qui lui appartient ; 8°. de soumettre par-tout le fonctionnaire à la surveillance et aux regards des hommes libres ; 9°. d'assujétir les deniers publics à un régime qui les fasse suivre depuis qu'ils sortent des mains du contribuable jusqu'à leur dernier emploi ; 10°. que par vous , nos armées n'aient que des chefs qui les laissent vaincre , et des fournisseurs qui les fassent vivre ; 11°. que la liberté et l'indépendance de nos alliés soient assurées ; 12°. la suppression des droits onéreux aux citoyens , sans être d'aucune utilité à la République , tel que le droit de passe qui arme le citoyen contre le citoyen , et qui, s'il en faut juger par ce qu'il rapporte au trésor public dans notre département, *suffit à peine au paiement des employés*, sauf à le remplacer par un impôt moins vexatoire et moins dispendieux dans sa perception.

Nous vous déclarons que le plus grand danger de la patrie seroit, de votre part la méconnoissance des maux qui l'affligent.

Suit un grand nombre de signatures.